觀掌知心

蘇民峰

掌紋續篇

圓方立極

「天圓地方」是傳統中國的宇宙觀，象徵天地萬物，及其背後任運自然、生生不息、無窮無盡之大道。早在魏晉南北朝時代，何晏、王弼等名士更開創了清談玄學之先河，主旨在於透過思辨及辯論以探求天地萬物之道，當時是以《老子》、《莊子》、《易經》這三部著作為主，號稱「三玄」。東晉以後因為佛學的流行，佛法便也融匯在玄學中。故知，古代玄學實在是探索人生智慧及天地萬物之道的大學問。

可惜，近代之所謂玄學，卻被誤認為只局限於「山醫卜命相」五術及民間對鬼神的迷信，故坊間便泛濫各式各樣導人迷信之玄學書籍，而原來玄學作為探索人生智慧及天地萬物之道的本質便完全被遺忘了。

有見及此，我們成立了「圓方出版社」（簡稱「圓方」）。《孟子》曰：「不以規矩、不成方圓」。所以，「圓方」的宗旨，是以「破除迷信、重人生智慧」為規，藉以撥亂反正，回復玄學作為智慧之學的光芒；以「重理性、重科學精神」為矩，希望能帶領玄學進入一個新紀元。「破除迷信、重人生智慧」即「圓而神」，「重理性、重科學精神」

即「方以智」，既圓且方，故名「圓方」。

出版方面，「圓方」擬定四個系列如下：

1. 「智慧經典系列」：讓經典因智慧而傳世；讓智慧因經典而普傳。
2. 「生活智慧系列」：藉生活智慧，破除迷信；藉破除迷信，活出生活智慧。
3. 「五術研究系列」：用理性及科學精神研究玄學；以研究玄學體驗理性、科學精神。
4. 「流年運程系列」：「不離日夜尋常用，方為無上妙法門。」不帶迷信的流年運程書，能導人向善、積極樂觀、得失隨順，即是以智慧趨吉避凶之大道理。

在未來，「圓方」將會成立「正玄會」，藉以集結一群熱愛「破除迷信、重人生智慧」及「重理性、重科學精神」這種新玄學的有識之士，並效法古人「清談玄學」之風，藉以把玄學帶進理性及科學化的研究態度，更可廣納新的玄學研究家，集思廣益，使玄學有另一突破。

自序

在編寫《掌丘掌紋篇》的時候，喚起了我不少舊記憶，令我重新認識到掌丘於掌相學中之重要性。因從事相學那麼多年，漸漸會忽略了一些簡單而重要的東西，希望能在此與各位讀者分享我的經驗，從而使各位知道，學習掌紋之時，首先要瞭解掌色，然後到掌形、指形，再進而是掌丘，瞭解以上各部分之後，再進一步研究掌紋，將會更加容易，更加準確。

蘇民峰

作者簡介

蘇民峰 長髮，生於一九六〇年，人稱現代賴布衣，對風水命理等術數有獨特之個人見解。憑着天賦之聰敏及與術數的緣分，對於風水命理之判斷既快且準，往往一針見血，疑難盡釋。

以下是蘇民峰近三十年之簡介：

八三年 開始業餘性質會客以汲取實際經驗。

八六年 正式開班施教，包括面相、掌相及八字命理。

八七年 毅然拋開一切，隻身前往西藏達半年之久。期間曾遊歷西藏佛教聖地「神山」、「聖湖」，並深入西藏各處作實地體驗，對日後人生之看法實跨進一大步。回港後開設多間店鋪（石頭店），售賣西藏密教法器及日常用品予有緣人士，又於店內以半職業形式為各界人士看風水命理。

八八年 夏天受聘往北歐勘察風水，足跡遍達瑞典、挪威、丹麥及南歐之西班牙，回港後再受聘往加拿大等地勘察。同年接受《繽紛雜誌》訪問。

八九年 再度前往美加，為當地華人服務，期間更多次前往新加坡、日本、台灣等地。同年接受《城市周刊》訪問。

九〇年 夏冬兩次前往美加勘察，更多次前往台灣，又接受台灣之《翡翠雜誌》、《生活報》等多本雜誌訪問。同年授予三名入室弟子蘇派風水。

九一年　續去美加、台灣勘察。是年接受《快報》、亞洲電視及英國 BBC 國家電視台訪問。所有訪問皆詳述風水命理對人生的影響，目的為使讀者及觀眾能以正確態度去面對人生。同年又出版了「現代賴布衣手記之風水入門」錄影帶，以滿足對風水命理有研究興趣之讀者。

九二年　續去美加及東南亞各地勘察風水，同年 BBC 之訪問於英文電視台及衛星電視「出位旅程」播出。此年正式開班教授蘇派風水。

九四年　首次前往南半球之澳洲勘察，研究澳洲計算八字的方法與北半球是否不同。同年接受兩本玄學雜誌《奇聞》及《傳奇》之訪問。是年創出寒熱命論。

九五年　再度發行「風水入門」之錄影帶。同年接受《星島日報》及《星島晚報》之訪問。

九六年　受聘前往澳洲、三藩市、夏威夷、台灣及東南亞等地勘察風水。同年接受《凸周刊》、《一本便利》、《優閣雜誌》及美聯社、英國 MTV 電視節目之訪問。是年正式將寒熱命論授予學生。

九七年　首次前往南非勘察當地風水形勢。同年接受日本 NHK 電視台、丹麥電視台、《置業家居》、《投資理財》及《成報》之訪問。同年創出風水之五行化動土局。

九八年　首次前往意大利及英國勘察。同年接受《TVB 周刊》、《B International》、《壹周刊》等雜誌之訪問，並應邀前往有線電視、新城電台、商業電台作嘉賓。

九九年　再次前往歐洲勘察，同年接受《壹周刊》、《東周刊》、《太陽報》及無數雜誌、報章訪問，同時應邀往商台及各大電視台作嘉賓及主持。此年推出首部著作，名為《蘇民峰觀相知人》，並首次推出風水鑽飾之「五行之飾」、「陰陽」、「天圓地方」系列，另多次接受雜誌進行有關鑽飾系列之訪問。

二千年　再次前往歐洲、美國勘察風水，並首次前往紐約，同年 masterso.com 網站正式成立，並接受多本雜誌訪問關於網站之內容形式，及接受校園雜誌《Varsity》、日本之《Marie Claire》、復康力量出版之《香港 100 個叻人》、《君子》、《明報》等雜誌報章作個人訪問。同年首次推出第一部風水著作《蘇民峰風生水起（巒頭篇）》、第一部流年運程書《蛇年運程》及再次推出新一系列關於風水之五行鑽飾，並應無線電視、商業電台、新城電台作嘉賓主持。

〇一年　再次前往歐洲勘察風水，同年接受《南華早報》、《忽然一週》、《蘋果日報》、日本雜誌《花時間》、NHK 電視台、關西電視台及《讀賣新聞》之訪問，以及應紐約華語電台邀請作玄學節目嘉賓主持。同年再次推出第二部風水著作《蘇民峰風生水起（理氣篇）》及《馬年運程》。

〇二年　再一次前往歐洲及紐約勘察風水。續應紐約華語電台邀請作玄學節目嘉賓主持，及應邀往香港電台作嘉賓主持。是年出版《蘇民峰玄學錦囊（相掌篇）》、《蘇民峰八字論命》、《蘇民峰玄學錦囊（姓名篇）》。同年接受《3 週刊》、《家週刊》、《快週刊》、《讀賣新聞》之訪問。

〇三年　再次前往歐洲勘察風水，並首次前往荷蘭，續應紐約華語電台邀請作玄學節目嘉賓主持。同年接受《星島日報》、《東方日報》、《成報》、《太陽報》、《壹周刊》、《一本便利》、《蘋果日報》、《新假期》、《文匯報》、《自主空間》之訪問，及出版《蘇民峰玄學錦囊（風水天書）》與漫畫《蘇民峰傳奇 1》。

○四年 再次前往西班牙、荷蘭、歐洲勘察風水，續應紐約華語電台邀請作風水節目嘉賓主持，及應有線電視、華娛電視之邀請作其節目嘉賓，同年接受《新假期》、《MAXIM》、《壹周刊》、《太陽報》、《東方日報》、《星島日報》、《成報》、《經濟日報》、《快週刊》、《Hong Kong Tatler》之訪問，及出版《生活玄機點滴》、漫畫《蘇民峰傳奇 2》、《家宅風水基本法》、《The Essential Face Reading》、《The Enjoyment of Face Reading and Palmistry》、《Feng Shui by Observation》及《Feng Shui — A Guide to Daily Applications》。

○五年始 應邀為無線電視、有線電視、亞洲電視、商業電台、日本 NHK 電視台作嘉賓或主持，同時接受《壹本便利》、《味道雜誌》、《三週刊》、《HMC》雜誌、《壹週刊》之訪問，並出版《觀掌知心（入門篇）》、《中國掌相》、《八字萬年曆》、《八字入門捉用神》、《八字進階論格局看行運》、《生活風水點滴》、《風生水起（商業篇）》、《峰狂遊世界》、《瘋蘇 Blog Blog 趣》、《師傅開飯》、《A Complete Guide to Feng Shui》、《Practical Face Reading & Palmistry》、《Feng Shui — a key to Prosperous Business》等。

蘇民峰顧問有限公司

電話：2780 3675

傳真：2780 1489

網址：www.masterso.com

預約時間：星期一至五（下午二時至七時）

目錄

次要線

命運線（事業線）

命運線又名「事業線」，其實此線與事業有否成就無關，只能觀察一生人之生活是否穩定而已。如果有一條很深而清的事業線，便代表其人一生可能從事一個行業或一生在大機構工作，不常轉換工作環境，故很多沒有工作的女士，常常會出現一條深刻而明顯的命運線，這正好説明她一生生活穩定，在家照顧丈夫、子女可能就是其一生的事業了。

命運線不管起自何方，其線尾都指向土星丘，間或有指向木

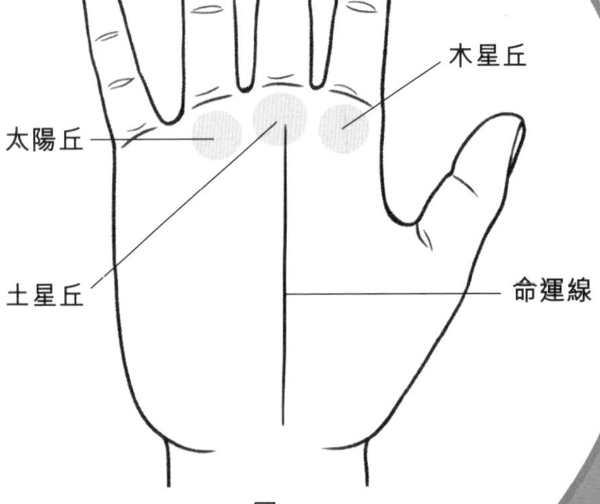

圖一

星丘或太陽丘，但並不常見（見圖一）。

又命運線以後天手較為重要，因後天常用的手代表三十歲以後，而三十歲以前事業即使有任何輝煌成就，皆大多不能在三十歲以後延續下去，故先天手的事業線之重要程度遠不及後天手。

一般而言，命運線起自手掌基部，然後向上直指土星丘。手頸起點年歲大約是十六至十八歲；至頭腦線交會處，男性代表三十八至四十歲，女性代表三十五至三十八歲；至感情線交

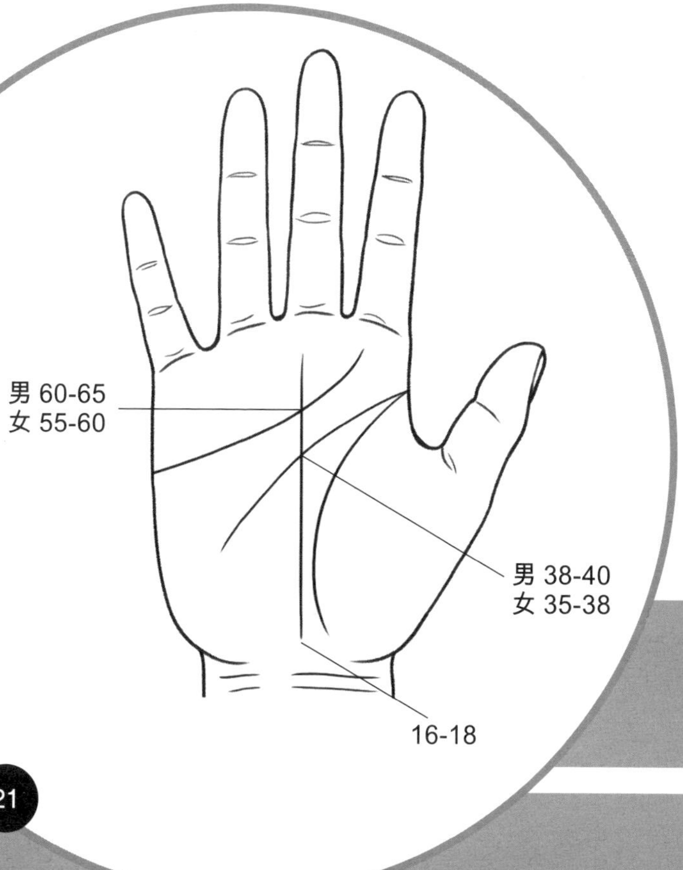

會處，男性代表六十至六十五歲，女性則代表五十五至六十歲。

註：年歲計算方法是掌相最弱的一環，因一條線由十多歲判斷至六十多歲，不管生命線也好，命運線也好，皆不容易推測出準確之年歲。最難者是婚姻線，因婚姻線從感情線起點至水星指基部那差不多兩厘米的地方，便代表着幾十年的歲數，所以唯有先天擁有第六靈感線的人，在判斷上才會較為準確。

命運線深長而清

命運線深長而清，代表一生在事業上較為穩定，不會出現突如其來的大變化。

有這種命運線的人，一般以從事專業如醫生、律師、會計師或同一行業、同一機構者居多，又一些沒有工作的婦女亦會出現一條深長的命運線，由此可知命運線並不代表工作運，只代表一生穩定與否。

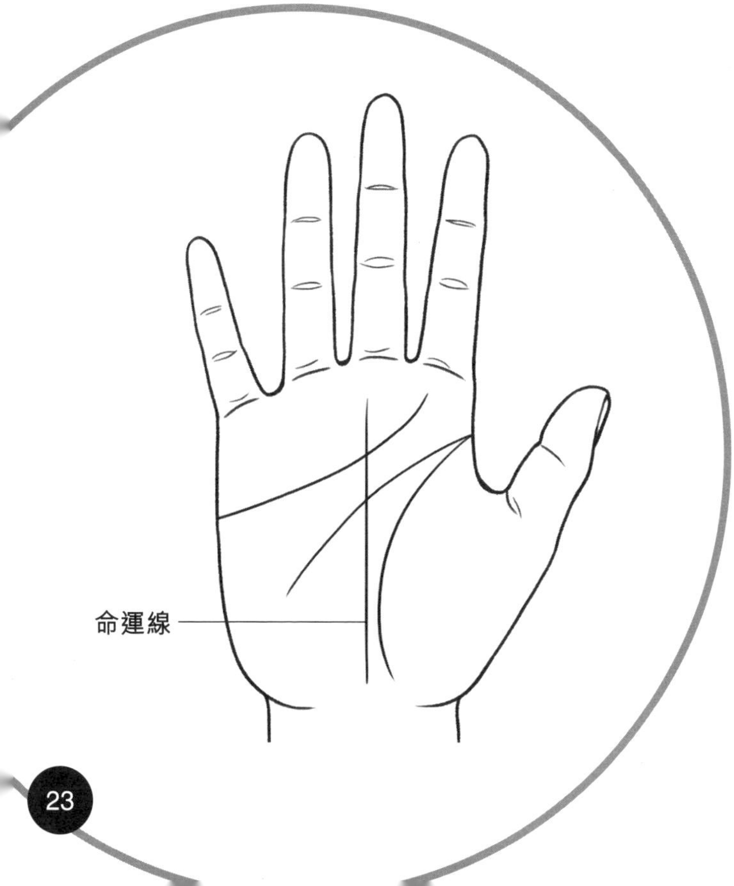

命運線淺而不清

命運線淺而不清，代表其人一生不專注在同一行業中。另外，有些人可能即使一生都從事同一個行業，也沒有一條明顯的事業線，這代表其人根本不專注在本業裏面，常常想改變，但無奈總是提不起決心，以致儘管一生只從事一個行業，也沒有命運線出現。

又事業線模糊不清，與事業會否成功沒有直接關係。事實上，有些人一生事業常常改變，但只要某一天突然出現一個好機會，事業就可能從此邁向成功。

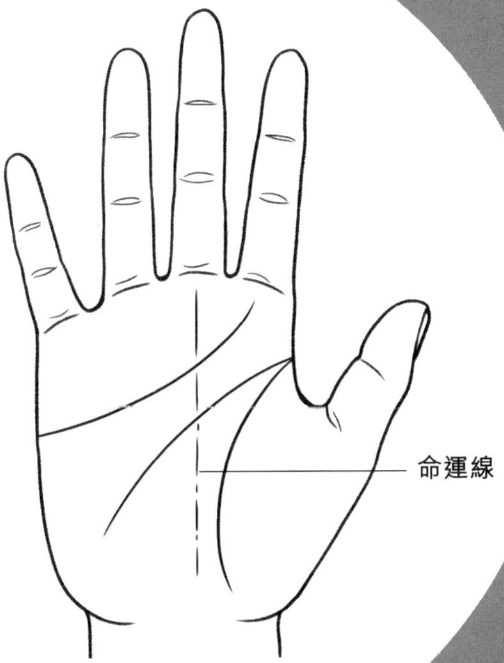

命運線折疊而上

命運線折疊而上，代表事業雖常常轉變，但每一次轉變都經過詳細考慮，不是貿然而行。

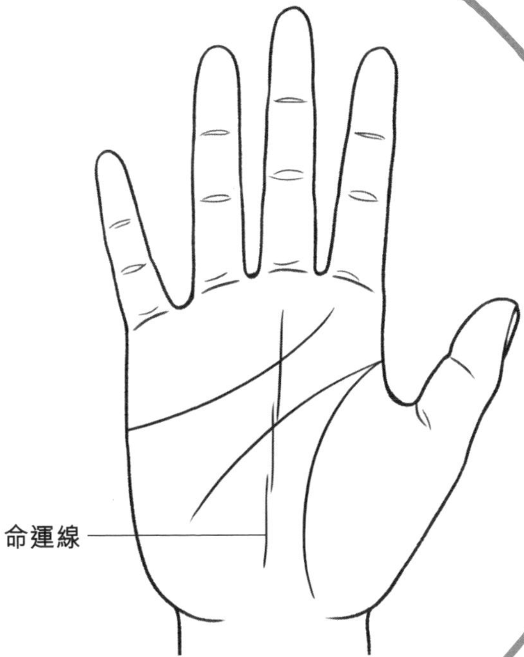

命運線中斷

命運線中斷，代表事業常常改變，而且極有可能是先把舊事業結束，再重新尋找路向。所以，其人一生生活較不穩定，帶有冒險成分，但最終成功與否，還是要觀察他／她的成功線是否清晰，掌色是否潤白。

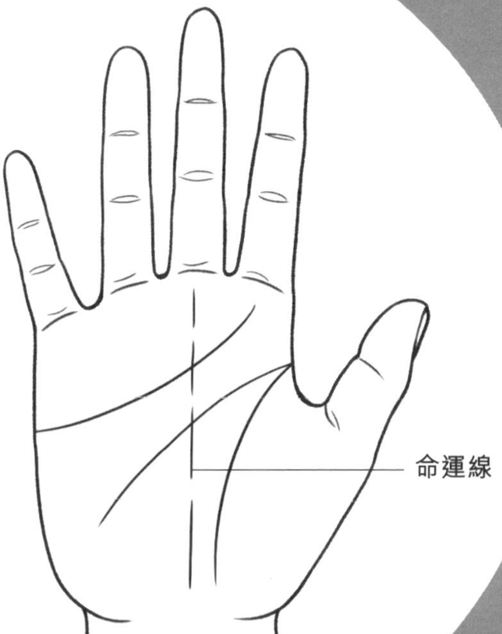

命運線並不顯現或無命運線

命運線淺、斷、不清，甚至無命運線，代表一生都沒有目標，不知道向哪一條路發展才好。又大多數人只是左手沒有命運線——三十歲前還不知道自己在尋找甚麼，待三十歲後有了路向後，右手的命運線就會慢慢顯現出來。

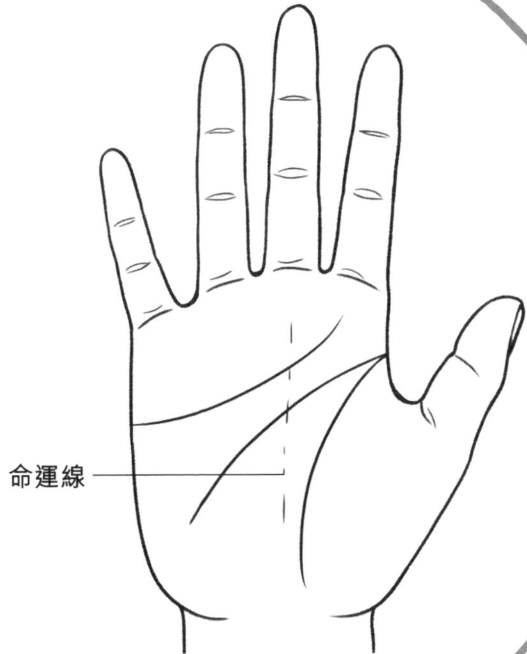

命運線起點較低

命運線起點較低，甚至低至手頸線，代表很早便要承擔責任，可能在十六至十八歲之時已踏足社會。

此外，自少離家求學，或年紀輕輕便要做暑期工或半工讀的人，事業線的起點亦會較低。

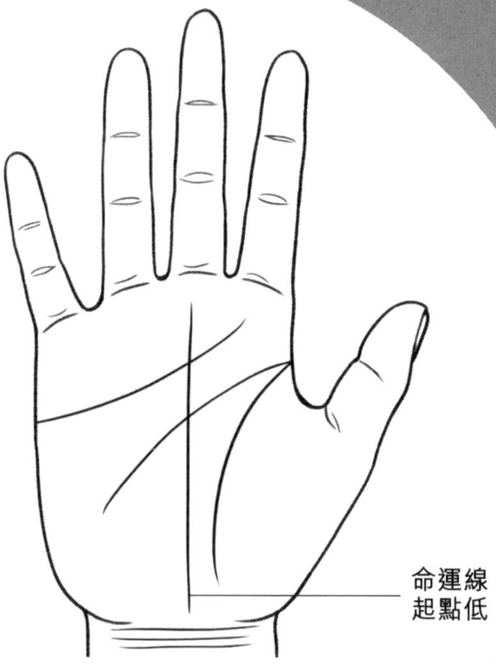

命運線起自掌中，火星平原內

這是一條常見的命運線，代表在三十歲左右，事業開始建立起來，及已找到目標與路向，從而開始開展事業，唯其事業需要經過一段較長時間的奮鬥才能建立起來。

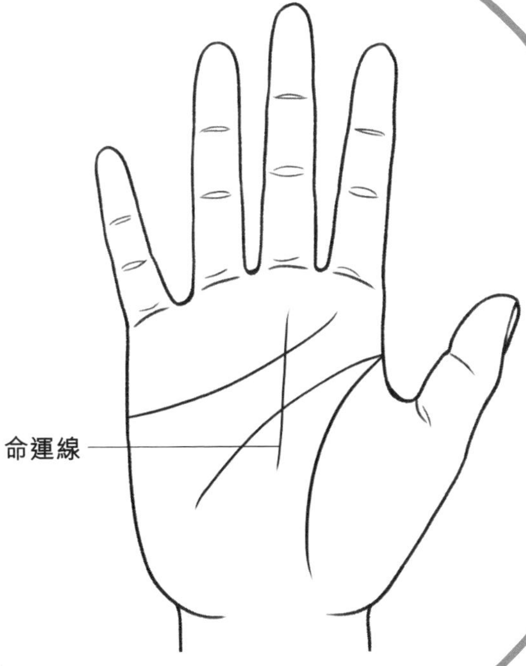

命運線起自頭腦線

命運線起自頭腦線，代表事業要差不多到中年才開展，而其成功主要源於個人智力運用得宜。

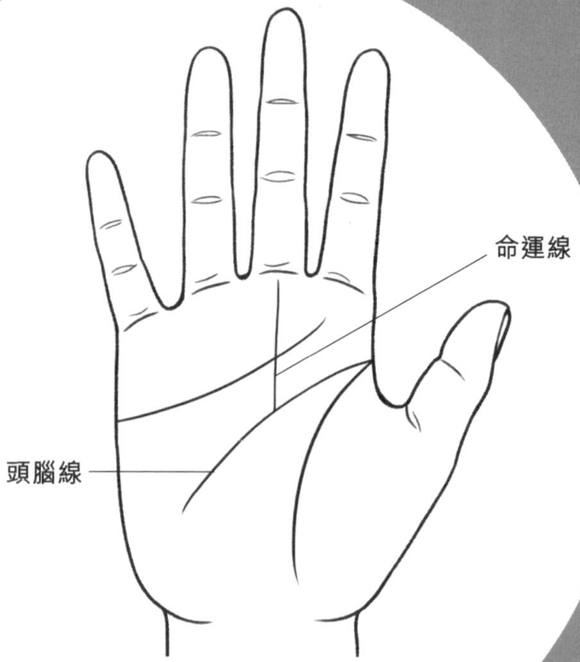

命運線起自感情線

命運線起自感情線，代表事業頗遲才得以建立。由於年紀較大之關係，成就不會太大，故此線只代表晚年生活安穩而已。

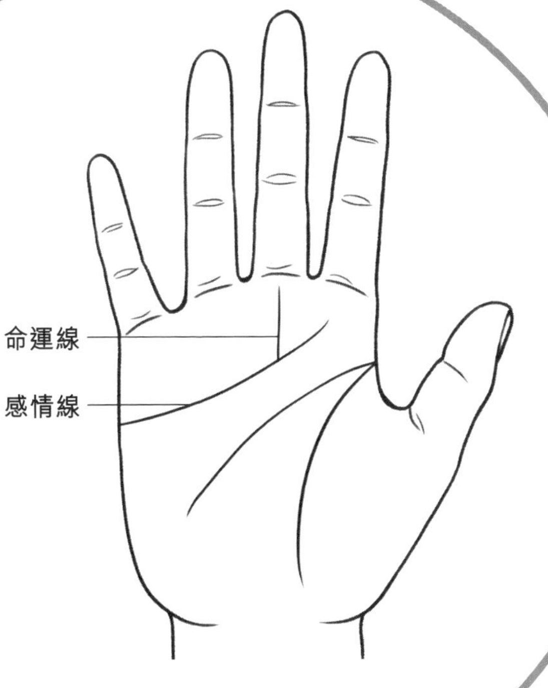

命運線起自手掌基部中間

命運線起自手掌基部中間，代表家人或朋友的助力較小，事業要經自己奮鬥才得以建立。

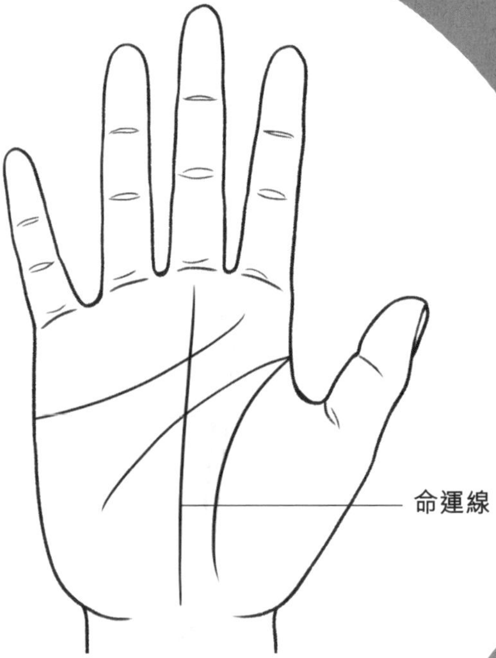

命運線起自太陰丘

命運線起自太陰丘，名為「朋友扶助線」，代表一生能得異性之助，亦容易獲得群眾之認同，最適宜從事一些要經常接觸群眾的工作，如演藝事業、政治工作等。

由於此線起自太陰丘，故其人難免沾染太陰丘不安定的個性，在事業上不容易定下來。情況極端的話，當其人自覺在本身事業上已經走到盡頭，再無發展機會之時，就會不顧一切，向另一條新的路向發展，而此路向可能與以前所作的職業完全無關。

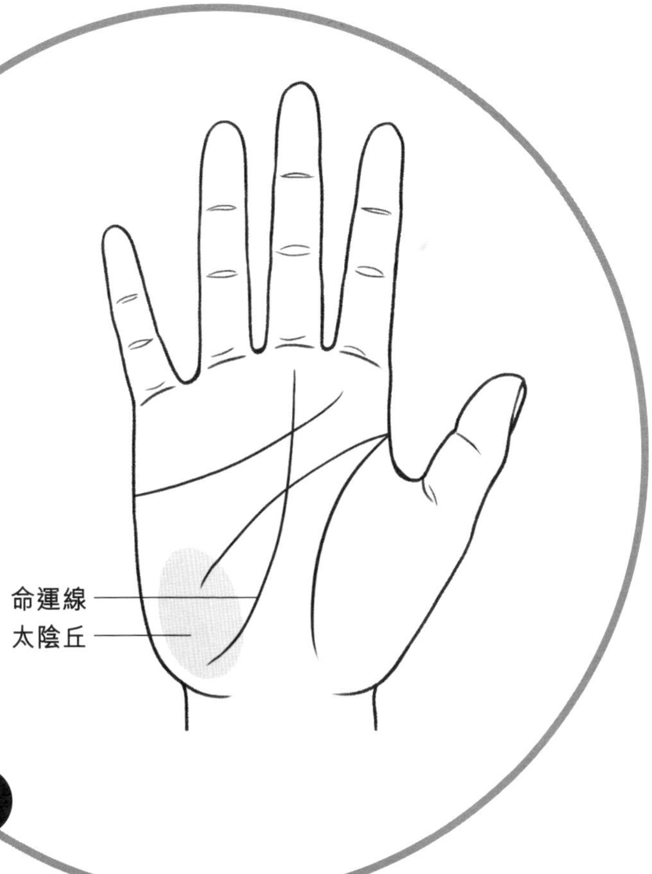

命運線起自上火星丘

命運線起自上火星丘，名為「上司寵愛線」，主其人容易得到上司的寵愛，而其上司很大機會是自己的雙親或配偶；即使不是以上兩種關係，還是會遇到一個對他／她特別好的上司。

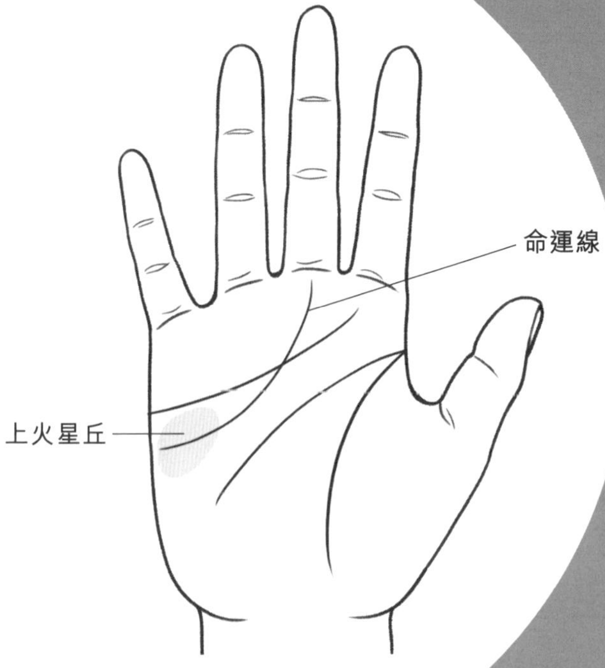

命運線起點在生命線

命運線起點在生命線，代表少年時期不能自由地選擇職業，可能要幫助父母，令其人之事業不能自主地發展，主少年光陰虛耗，身不由己。

根據筆者觀察，這種線紋出現在女性手中佔大多數，可能結婚以前要負起照顧家庭的責任，亦可能是出身富裕，要負起家族事業的重擔，待結婚以後才能有自主的生活。

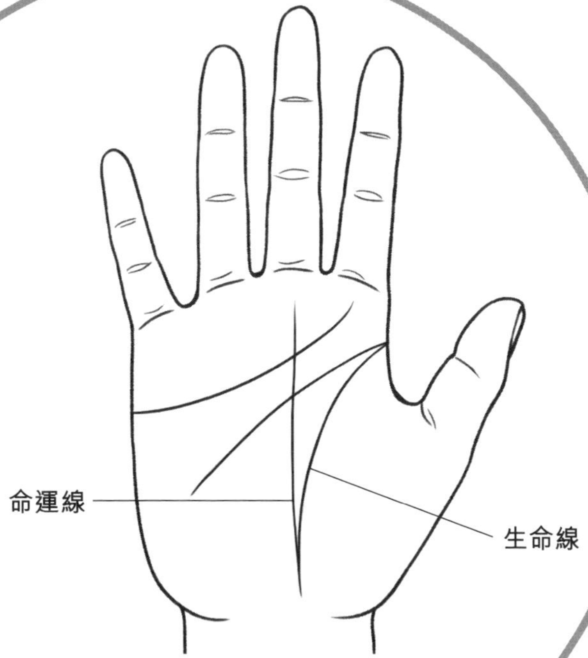

命運線起點在金星丘內

命運線起點在金星丘內，代表少年之時會遇到因親人或愛情而來之阻礙，致使不能開展自己的事業，虛耗光陰。

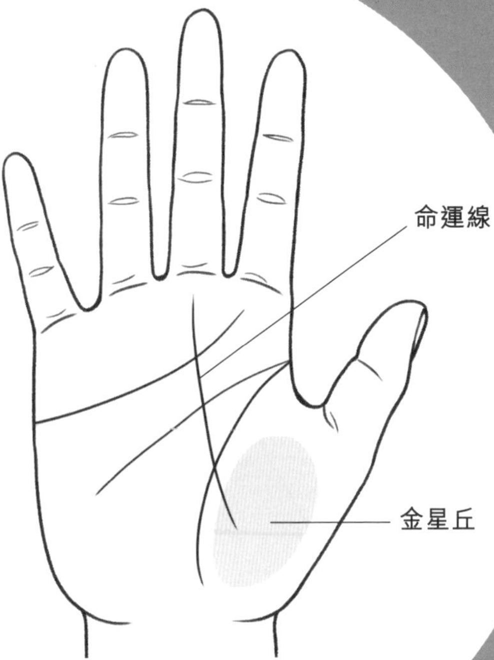

命運線起自金星丘，同時感情線下垂

這是一個不能自由戀愛的記號，代表其人的感情必然受第三者破壞而失敗，而這第三者大都來自本身的家庭。

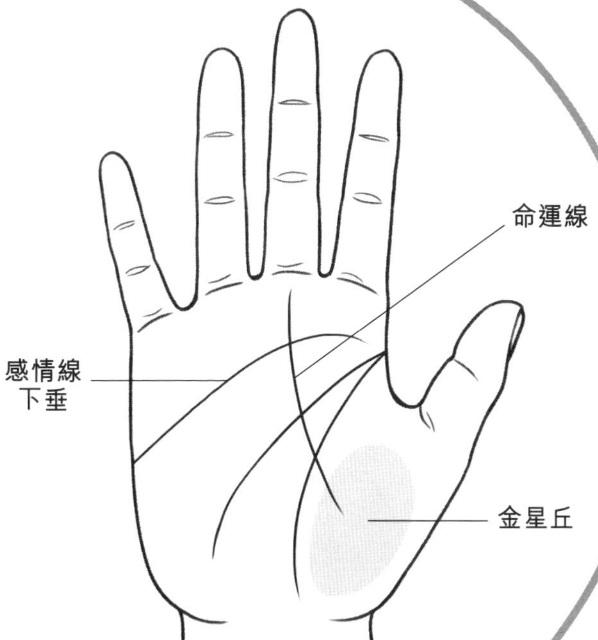

命運線有兩個起點，一個起自金星丘，一個起自太陰丘

這表示其人要經過很大的努力，才能建立自己的事業基礎。

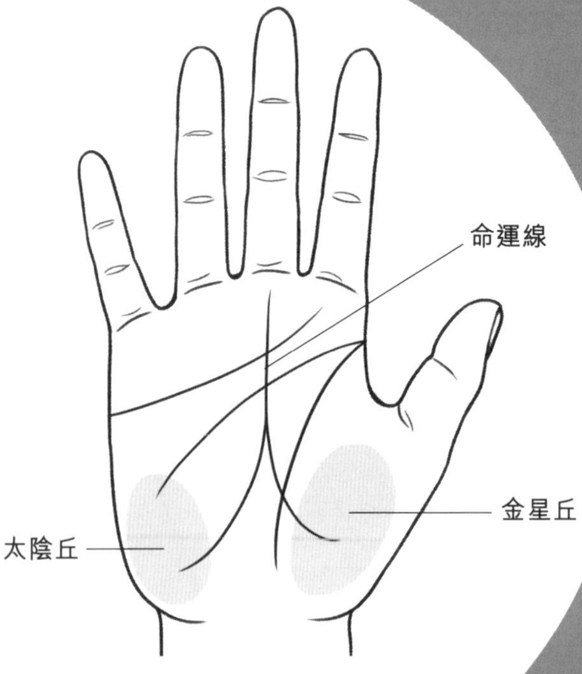

命運線起點呈流鬚狀

命運線起點呈流鬚狀，主少年遭遇不幸事件，可能父母雙亡或父母遭遇不幸事件，童年生活並不愉快。

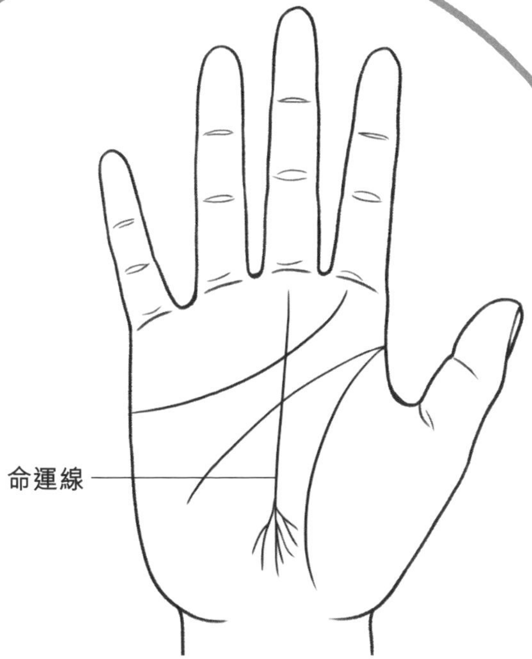

命運線起自掌中，終止在腦線之下

命運線起自掌中，在腦線之下終止，代表早年事業到此終止，然後再另尋他路發展。

另外，此線亦可能代表其人由於思考判斷錯誤，而導致先前的事業不能再發展下去，不得不作轉變。

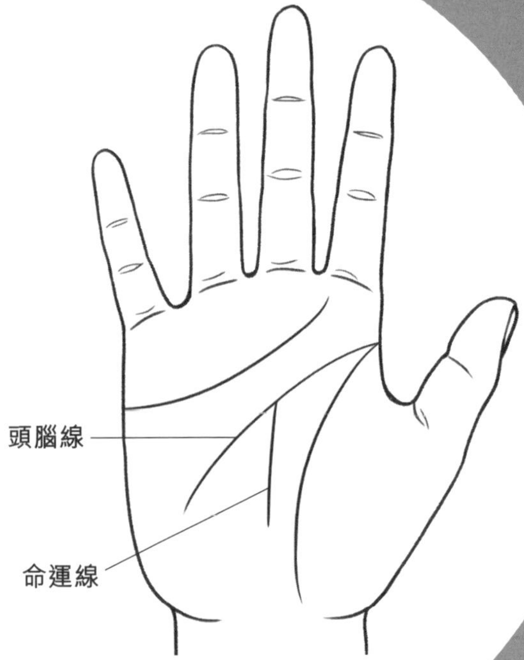

命運線終止在感情線以下

很多相書把這條停在心線下的命運線，說成因心理或生理，或愛情失敗、家庭破裂而失卻事業上的幸運。

事實上，這只是理所當然的想法，經過筆者多年經驗的印證，此為非常普遍的命運線，尤其是在政府機構做事的人，有這條命運線則更屬正常，因為這只代表事業會在六十至六十五歲之時停止，並無好壞之意。如果配合太陽指下出現成功線，就代表其人晚年會過着富裕的生活，否則晚年生活只屬一般。

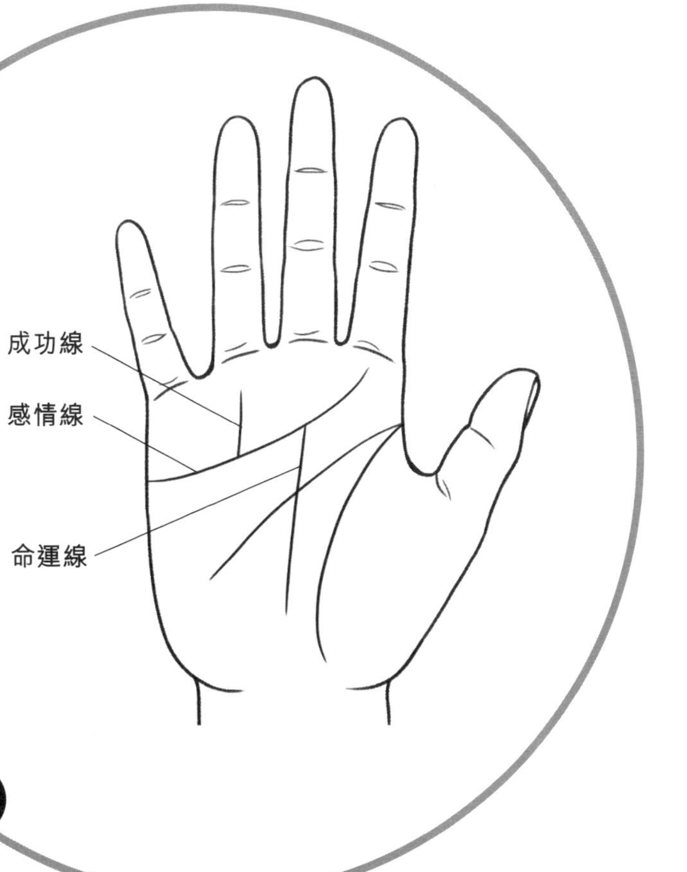

命運線過長，穿過土星丘，穿入中指內

命運線過長，穿過土星丘，插入中指內，代表其人發展步伐過速，群眾不能配合，以致事業在高峰時期，突然崩潰。

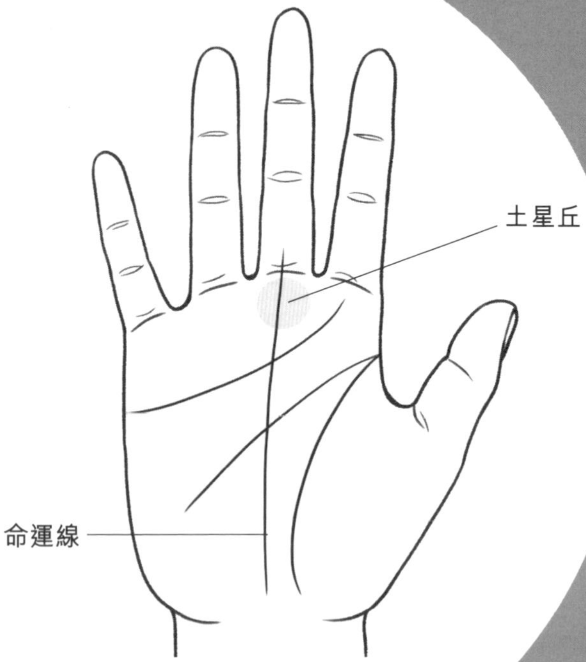

命運線線尾趨向木星丘

這是一條很好的命運線，顯示在事業上必然處於領導地位，而且感情生活亦屬愉快。

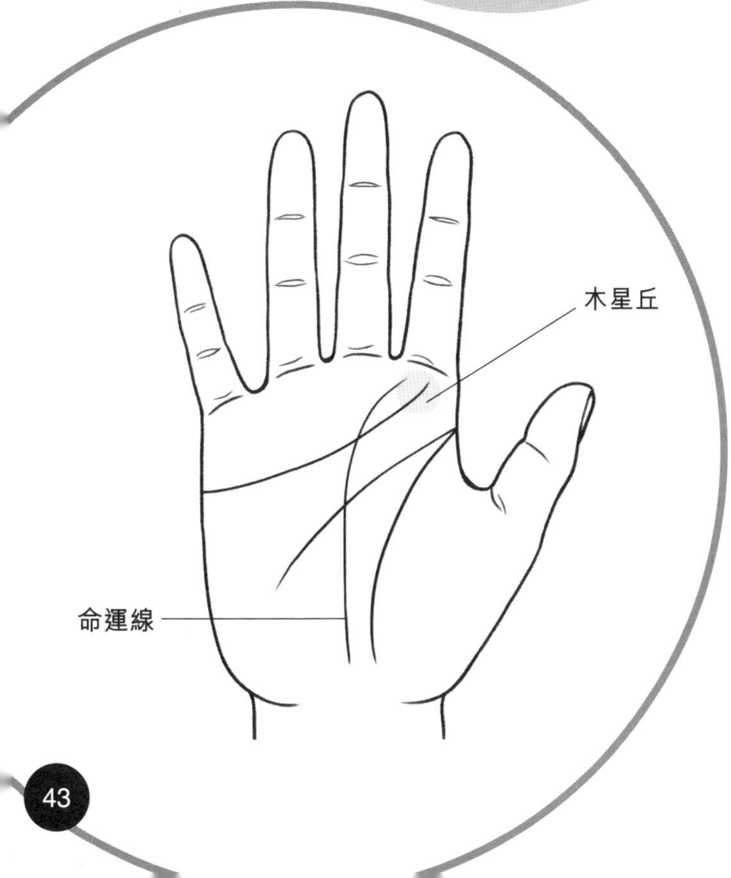

命運線線尾指向太陽丘

命運線線尾指向太陽丘者，和太陽線有相似之處，代表在文學和藝術方面有特別才華，亦容易在事業方面獲得名譽與財富。

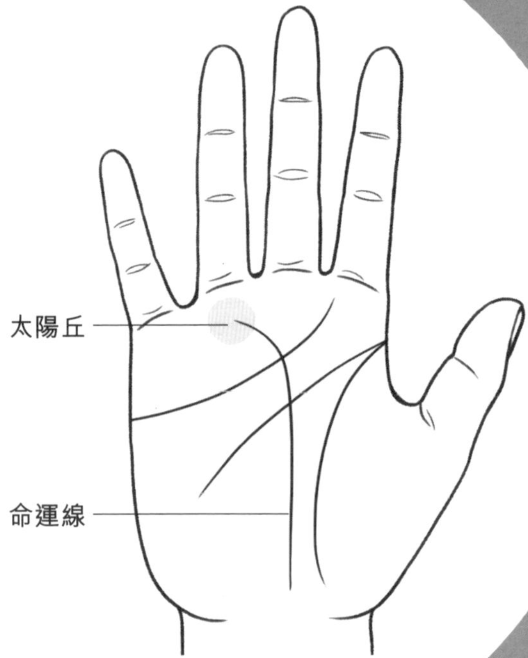

命運線彎曲

命運線彎曲，代表事業屢有變動，加上意志不堅定，一生難有建樹。究其原因，此乃其人目標不明確之故，每每稍遇困難，便退縮不前。

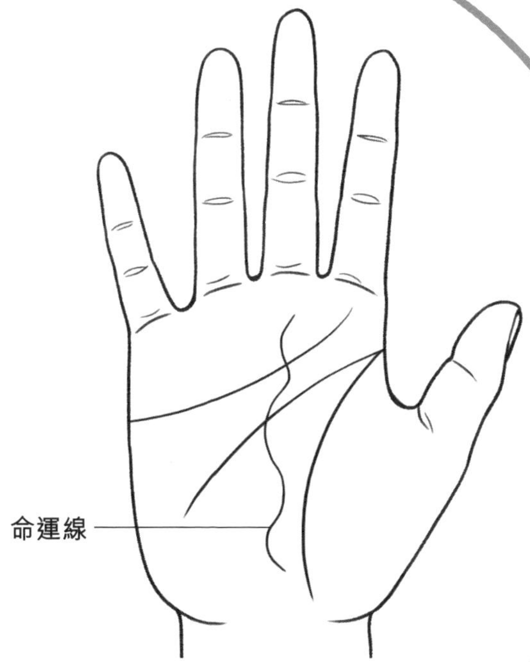

命運線重疊而上

這是一條很常見的命運線，代表其人能保持舊有的事業，但同時又會開展一些新發展，可能直到新發展踏上軌道以後，才停止舊有的發展。

這條命運線，很可能出現在一個正在上班打工，但又有意發展自己私人事業的打工族手上，這類人往往一方面上班，另一方面去發展自己的事業。

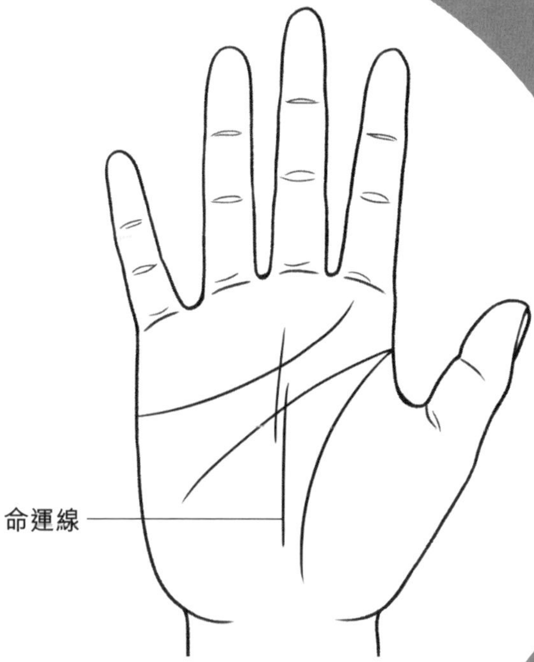

命運線在頭腦線下折斷，然後再有新的命運線

這是非常常見的命運線，代表事業在那個時候會出現一個大轉變，可能是轉工，甚至是轉業，男性代表轉變發生在三十八至四十歲，女性則代表三十五至三十八歲。

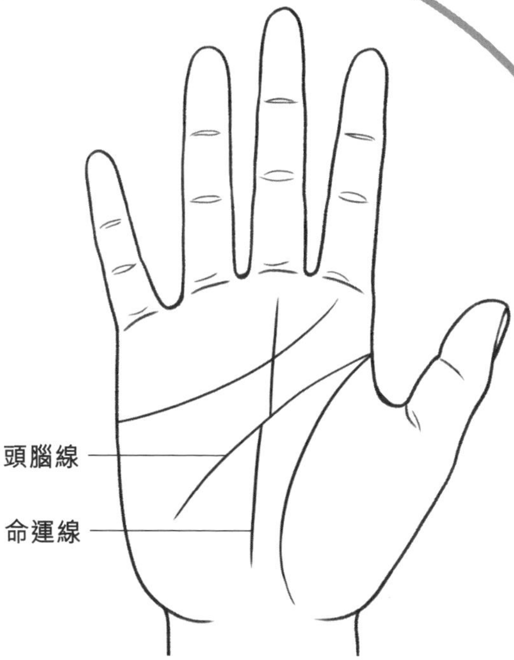

命運線正常，但在生命線中又出現一條命運線

命運線正常，但在生命線中又出現一條命運線的話，表示開始時是自由發展自己的事業，但在三十歲後，就可能改與家人發展事業。

另外，此線亦代表得到親人之助，或要接手家族事業。

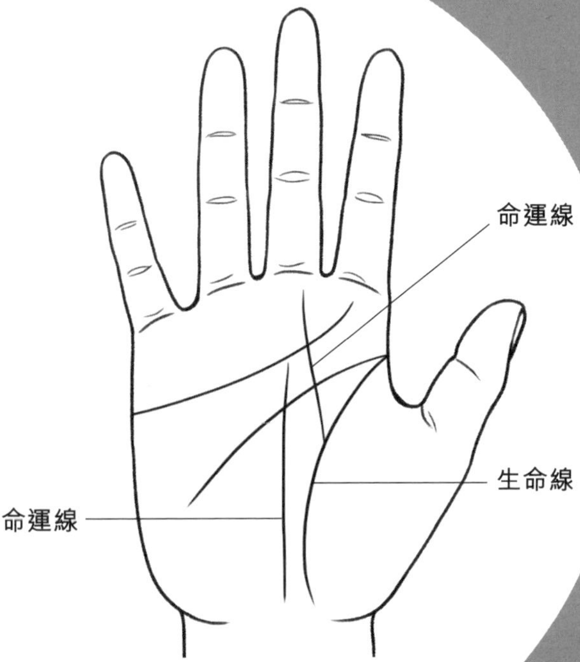

命運線當中有支線上升

命運線當中有支線上升，表示事業日漸進步，生活環境日漸改善，不論家庭與經濟皆有良好的結果。

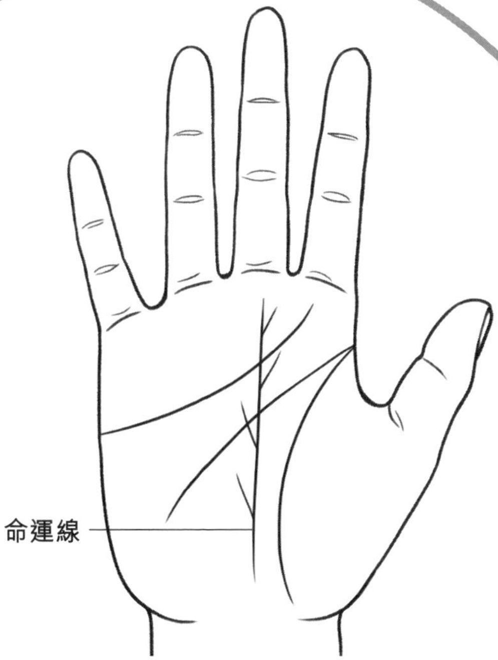

命運線當中有支線下垂

命運線當中有支線下垂，代表事業日漸走下坡，尤其經濟方面每況愈下，以致家庭亦受影響。

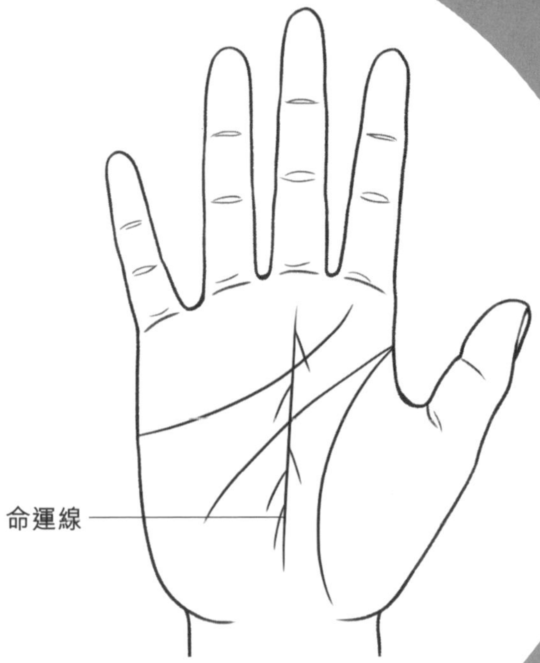

命運線有很多橫線切過

命運線有很多橫線切過，表示事業受到阻礙，停滯不前；如果婚姻線同樣出現缺點的話，則家庭生活亦受影響。

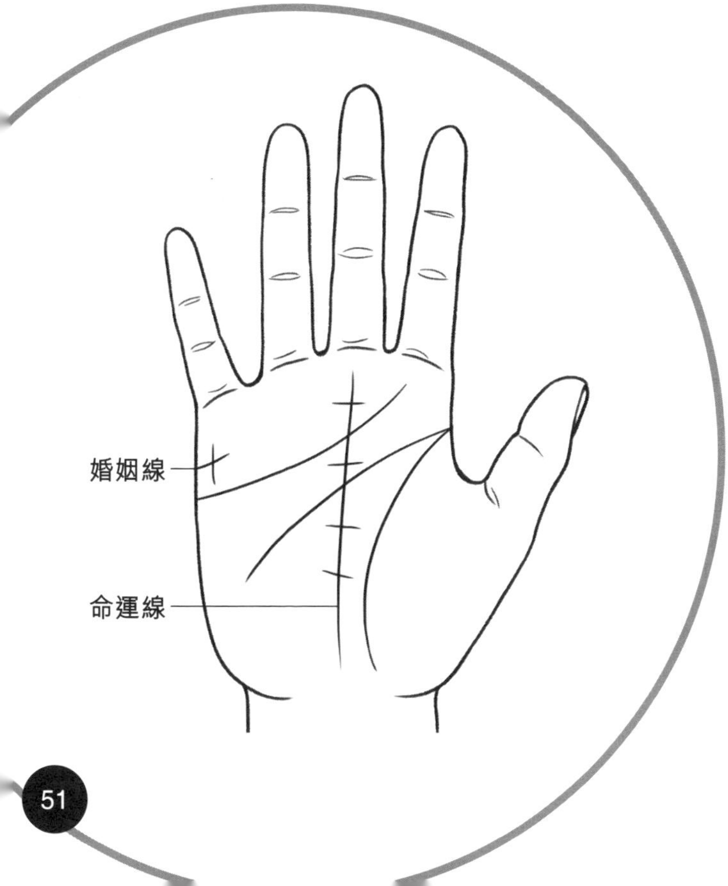

命運線有支線自太陰丘伸出，觸及命運線

命運線有支線自太陰丘伸出，觸及命運線，代表其人會因異性之助而獲得幸運，又支線碰上命運線之時，亦代表當年是結婚年，年歲由命運線之年歲去計算。

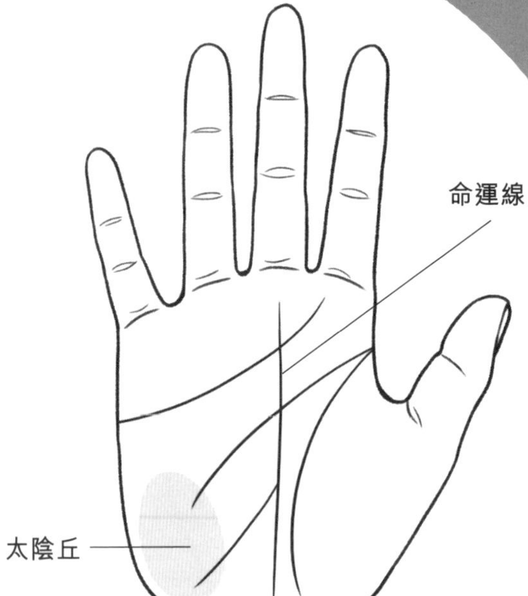

命運線有支線自太陰丘伸出，走向命運線，然後並行向上

命運線有支線自太陰丘伸出，走向命運線，然後並行向上，代表其人因異性之助而發展事業，但主與戀人不能結合，只會維持同居關係。

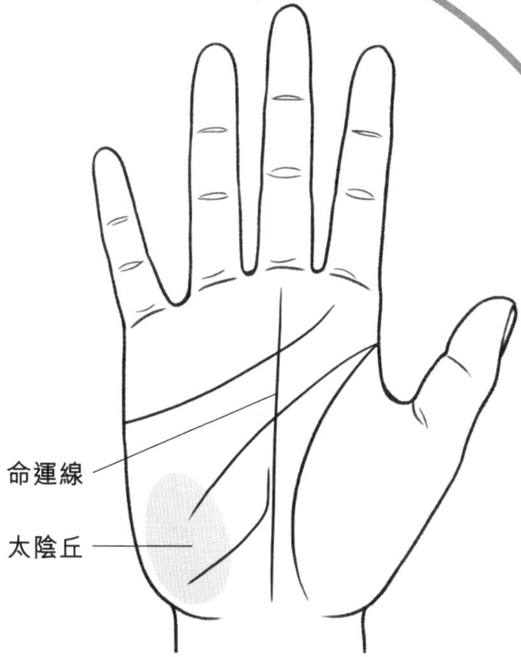

命運線有支線自太陰丘伸出，觸及命運線，然後在命運線上再出現島紋

命運線有支線自太陰丘伸出，觸及命運線，然後在命運線上再出現島紋，代表事業開始之時，會得到異性之助而發展事業，但在婚後生活並不愉快，常常發生糾紛，因而影響到事業的發展，以致經濟也出現困難。

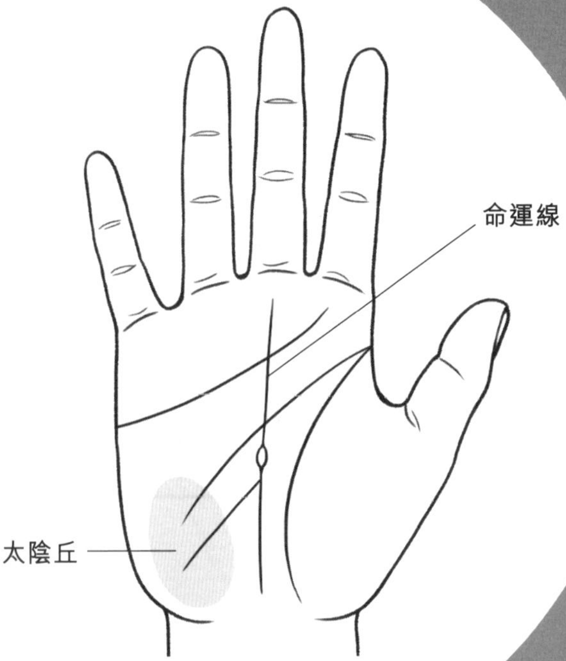

命運線起點出現島紋

命運線起點出現島紋，代表事業開始之時，阻力重重，要待衝破阻力以後，事業才得以發展起來。

又古代手相家判斷此出生有神秘事件隱藏，可能是私生子之類或過房庶出。

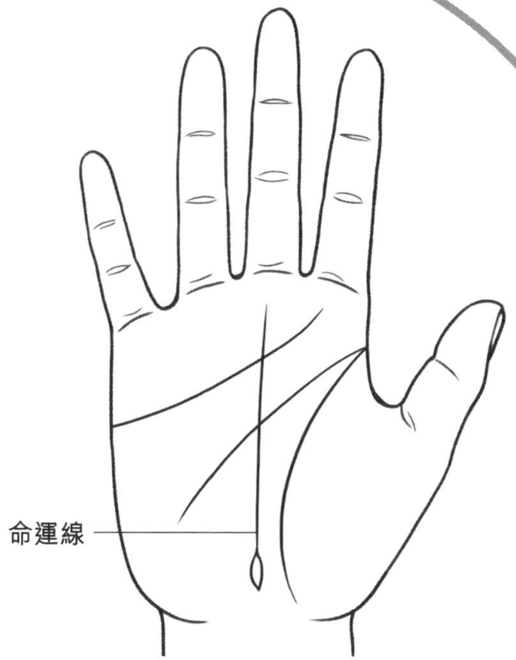

命運線當中出現島紋

命運線當中出現島紋，代表事業忽然發現問題，引致經濟出現困難；至於女性有此線的話，就代表感情突然出現問題，以致頓失依靠，但職業女性可用前者來判斷。

同時，此線亦代表那個時候可能遇上商業騙子，以致損失不菲。

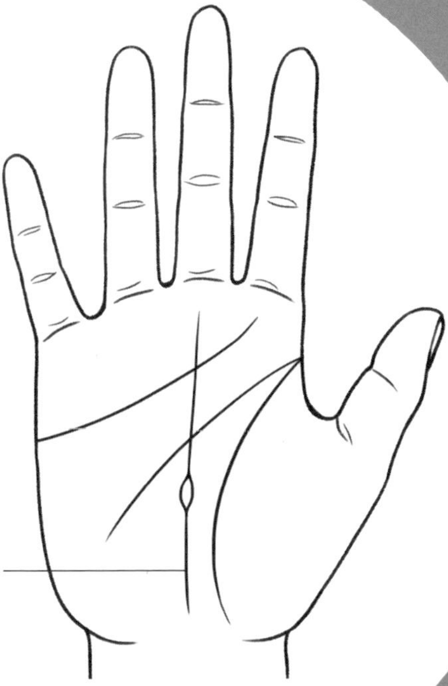

命運線當中有島紋，同時心線在土星丘下發現島紋

命運線當中有島紋，同時心線在土星丘下發現島紋，表示會因桃色事件而引致事業出現重大的困難及名譽受損。

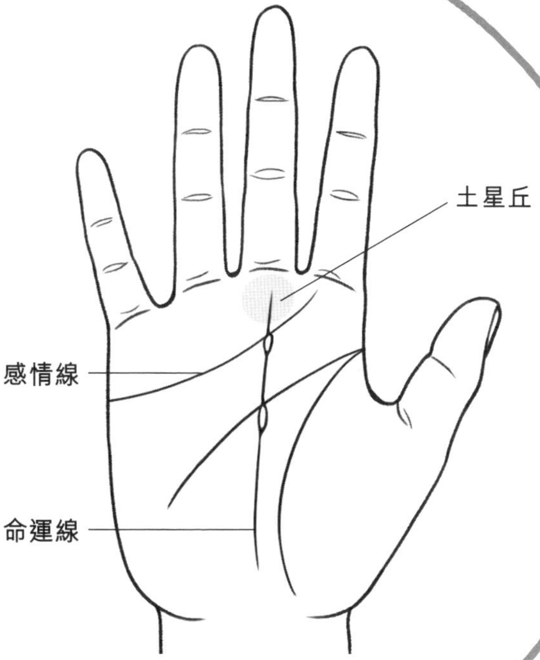

命運線當中發現島紋，同時在木星丘上出現星紋

命運線當中發現島紋，同時在木星丘上出現星紋者，代表有姦情出現，且對方是一個有權勢和地位的人。

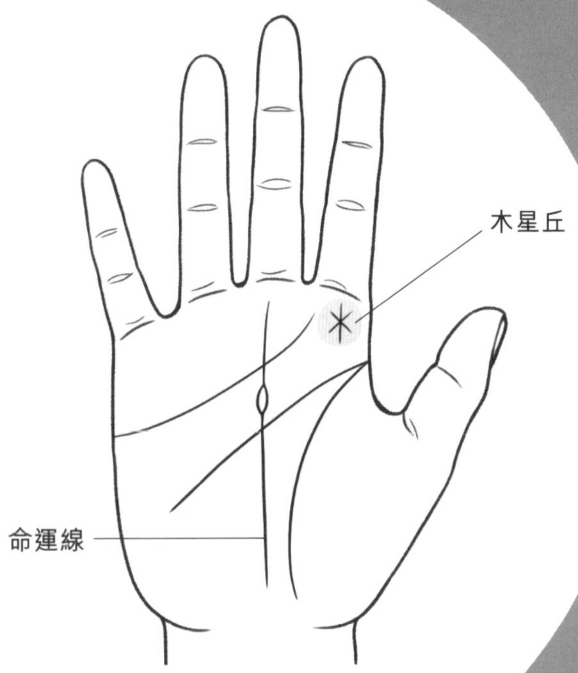

命運線由一連串之島紋組成

命運線由一連串之島紋組成，主一生運滯，做事每每事倍功半，得不到應有的回報，故宜向專業或在大機構發展，望能把事業及生活穩定下來。

值得留意的是，如其人冒險從商的話，最終會得不償失，生活愈加困苦。

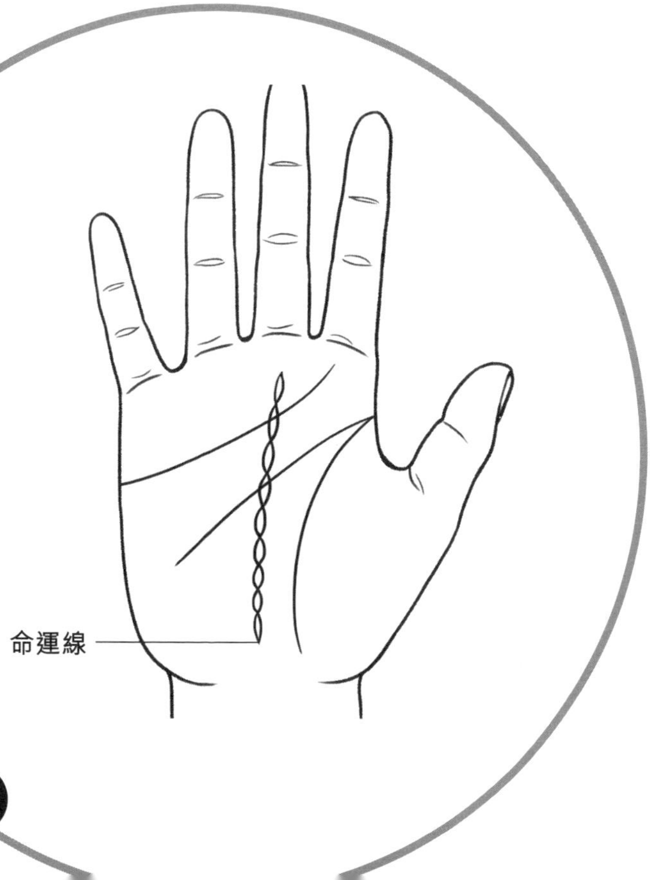

命運線起點有明顯十字紋

命運線起點有明顯十字紋，表示童年時失卻父或母的愛，童年生活得不到滿足。

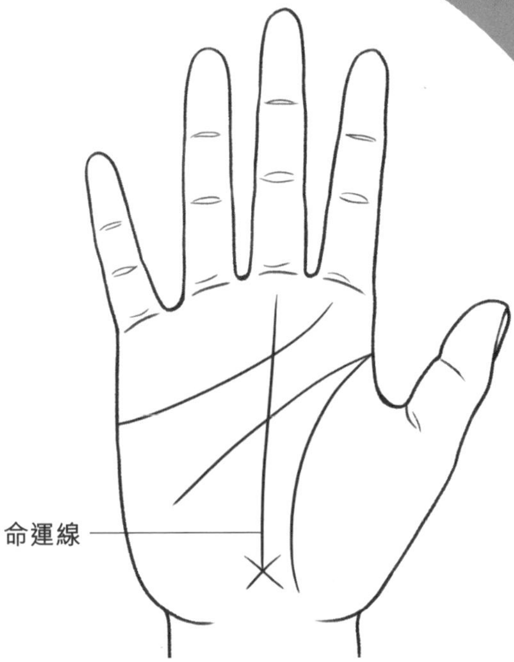

命運線當中有十字紋存在

命運線當中有十字紋存在，代表事業會遭受突如其來的阻礙，把之前所建立的事業完全破壞，及後要重新振作，重建事業。

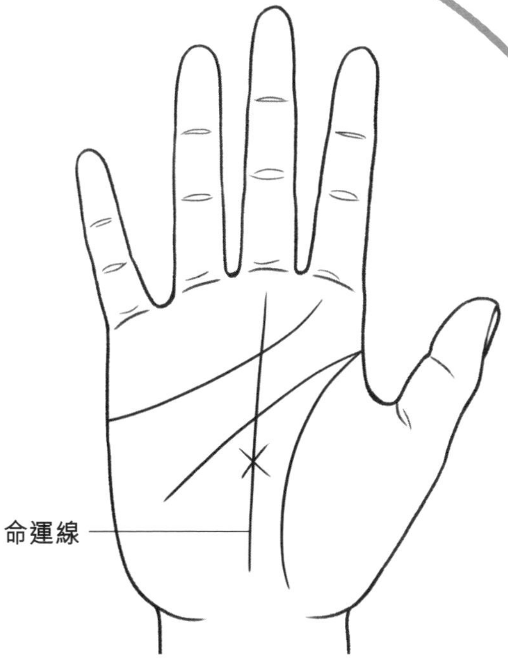

命運線末端有十字紋存在

命運線末端有十字紋存在，主晚年突然失卻幸運，生意失敗、破產，亦主晚年突然遭遇意外死亡。

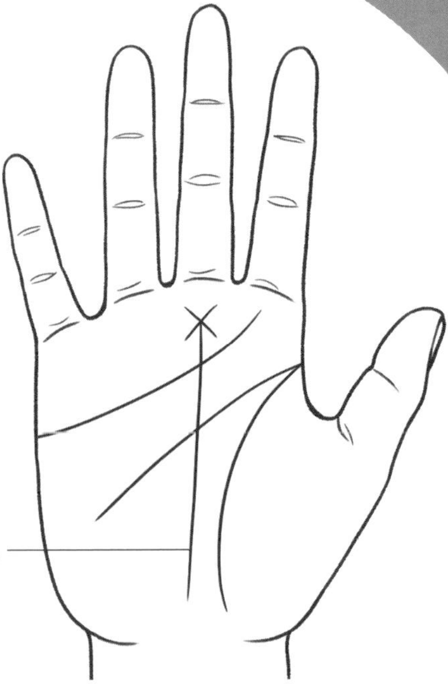

命運線被感情線的下垂支線打橫切過

二十世紀七十年代以前，大部分掌相書都記載，此掌紋為剋妻剋夫紋，主感情失敗，配偶可能遭遇創傷死亡及財產受到嚴重損失。

但在筆者從事命相學的三十多年間，發現有此紋者不知幾許，總不會每個發現有此十字紋的人之配偶都會死亡吧！如果真是這樣的話，所佔的比例也實在太大了。

所以，從現代掌相學分析，有此十字紋可能代表其人曾受失戀打擊，及非常愛好研究神秘學。

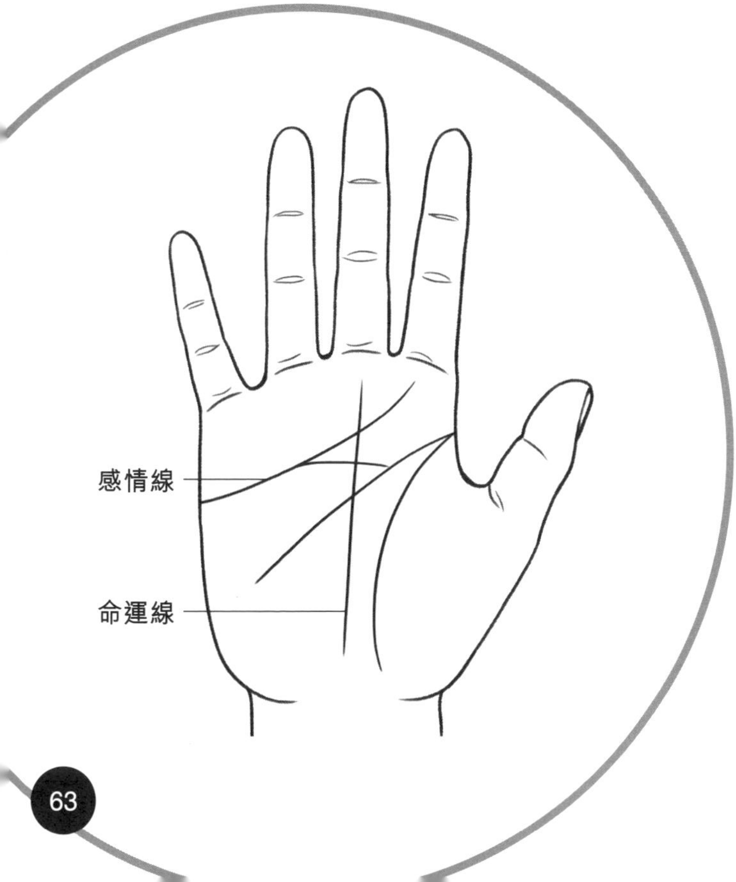

命運線有支線伸出，指向木星丘

命運線有支線伸出，指向木星丘，表示其人可能成為政治家或黨派領袖，不然亦能在事業上得到一定的地位與權力，且能得貴人扶助。

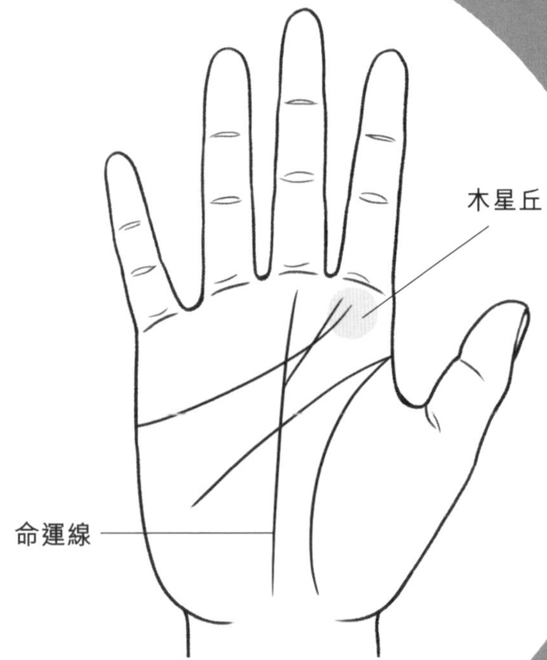

命運線有支線伸出，指向太陽丘

命運線有支線伸出，指向太陽丘，表示其人智力特佳，如果從事文學或藝術發展的話，將能得到良好的成果。

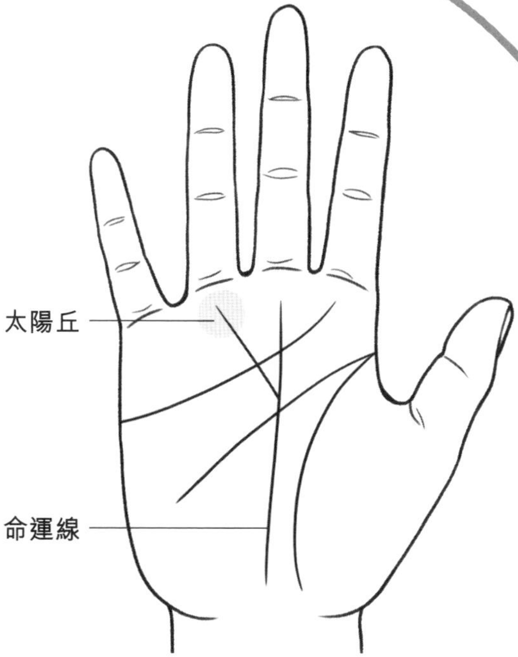

命運線有支線伸出，指向水星丘

命運線有支線伸出，指向水星丘，表示在科學或工業研究上有突出的表現，同時如果向醫學或法律方面發展，亦能得到不錯的成果。

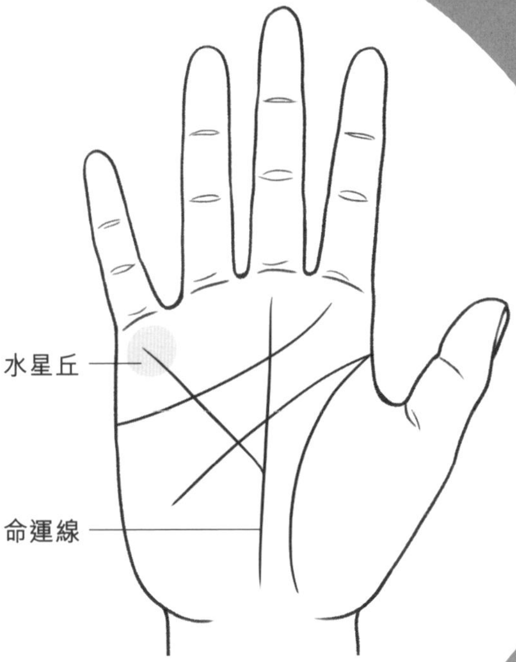

命運線線尾呈三叉狀

命運線線尾呈三叉狀，表示事業可有多方面的成就，不論在政治或藝術上發展，都是適宜的，因為走向木星丘的支線，意味着其人能得到木星丘領導群眾的力量；而走向太陽丘的支線，則代表會得到太陽丘活躍的人際關係，且對藝術品有獨到的眼光。

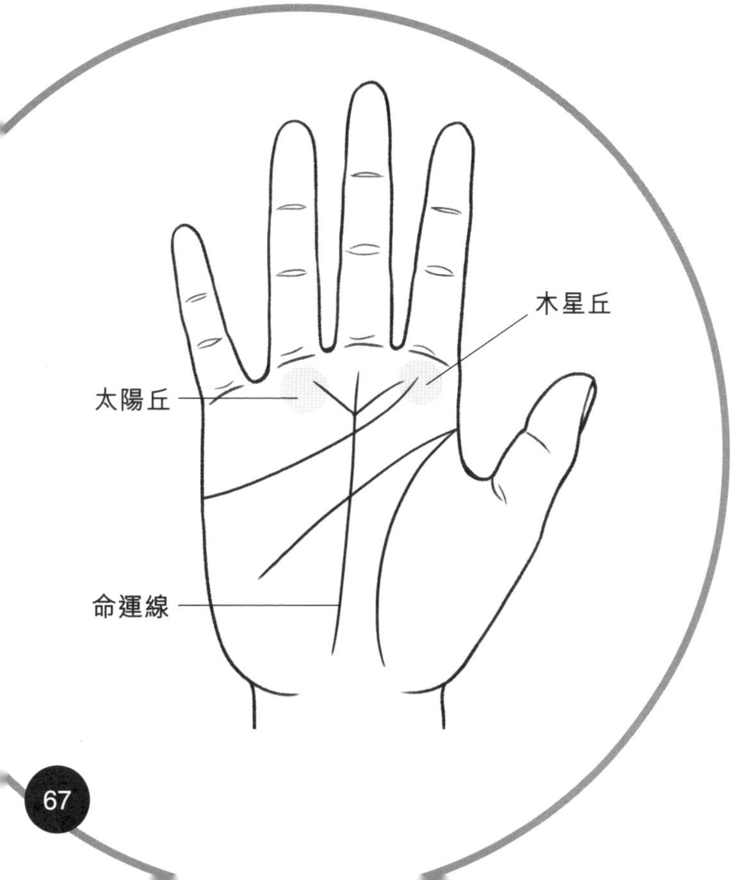

命運線當中出現方格紋

命運線在心線、腦線之間出現方格紋，名為「保護方格」，既代表自己所得的東西不容易失去，亦代表投機得來的金錢不會散失。

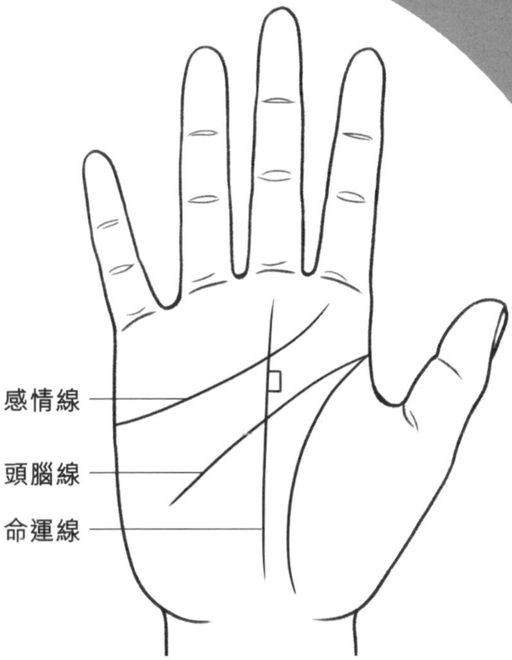

成功線（太陽線、財運線）

成功線又名「太陽線」、「財運線」、「人緣線」，代表着成功與幸運。另外，其亦名「藝術線」，有此線者不一定有藝術才華，但對於藝術的鑑賞能力卻相當高；又此線一般人大多稱之為「成功線」，故筆者在此亦稱之為「成功線」好了。

太陽線不論起自何方，其末端一定指向太陽丘。前述的命運線代表事業，而成功線就代表名譽、成功，但成功不一定代表財富，只代表會在自己領域上取得一定成就，

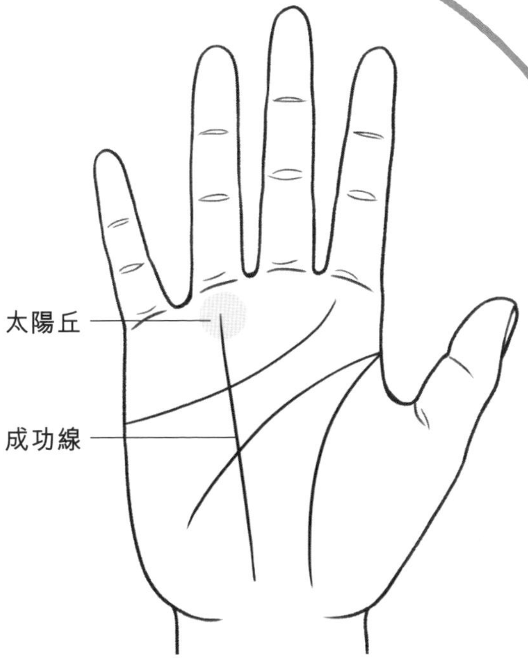

得到別人的認同。

出現在先天手的成功線代表三十歲前，出現在後天手的成功線代表三十歲後。

然先天手出現成功線不一定代表事業得到成就，可能是求學時期在校內鋒芒畢露而已；又即使事業真的能在三十歲前得到成功，但如果後天手沒有同時出現成功線的話，亦代表無以為繼，最終在三十歲後失敗收場，要東山再起。

成功線起自手頸部位

成功線起自手頸部位，代表其人是經過自己一番努力而獲得成就的。如果其線深而且長，出現在右手的話，就意味着其成就非常輝煌，但這樣的成功線並不常見。

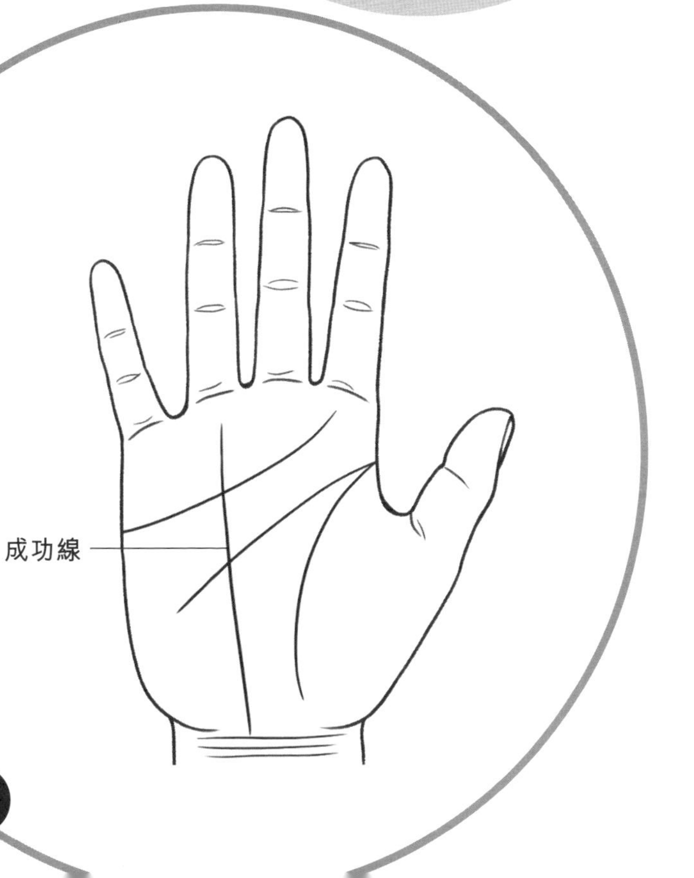

成功線清晰，腦線下垂，太陽指長

成功線清晰，頭腦線下垂，太陽指長，是一個賭博的幸運記號——太陽指長代表有冒險心態，腦線下垂代表愛幻想，故常會幻想一朝發達，從而冒險投機賭博。在此前提下，其人務必配有一條良好的成功線、幸運線。

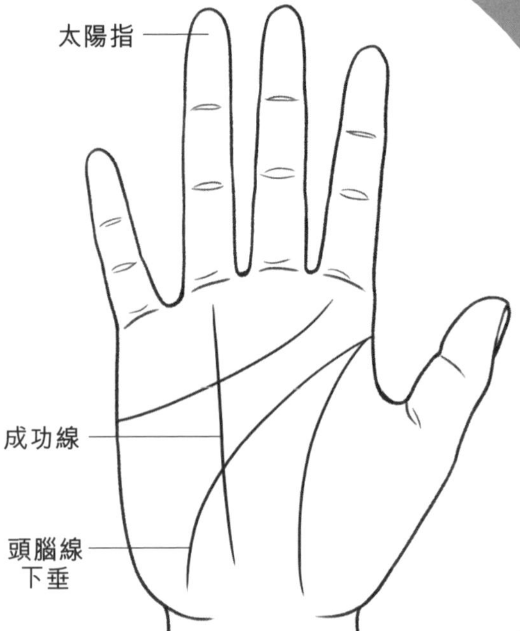

凡這樣的掌出現一條良好的成功線，均代表其人是一個極之幸運的賭徒，常常福至心靈地去投機或賭博，且投機之時沒有經過詳細分析，只是憑感覺而行，但偏偏很多時候他／她會得到不錯的收穫。

又此記號亦代表其人具有藝術才華，且能在這方面發揮，最後獲得很大的成就。

此相在東方人手上大多代表前者，在西方人手上則大多代表後者。

成功線起自太陰丘

成功線起自太陰丘，是得到群眾擁護的成功線，且特別能夠得到異性之助，又他／她的事業每能深入群眾，故著名的藝人或政治家多有這樣的成功線。

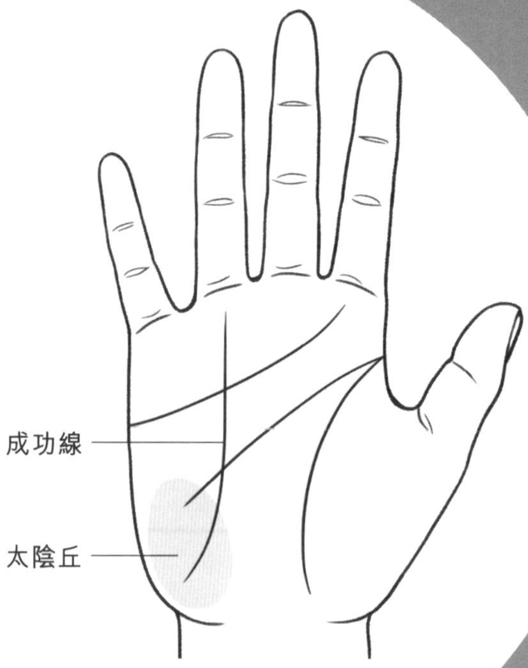

成功線起自上火星丘

這是一條不尋常的成功線，代表其人的成功來自長輩、貴人、上司之助，亦即他／她的成功不是來自努力，而只來自幸運，故又稱為「上司寵愛成功線」。

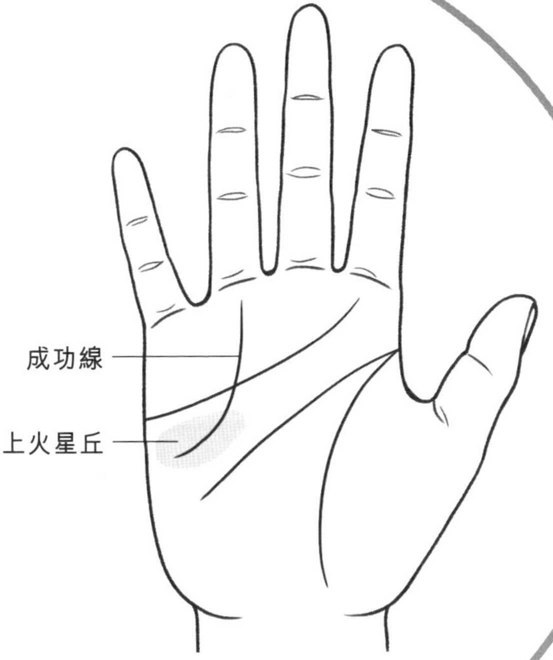

成功線起自生命線

成功線起自生命線，表示會因得到親屬的幫助而取得事業上的成功，故有此成功線者最適合與親人合作發展事業。

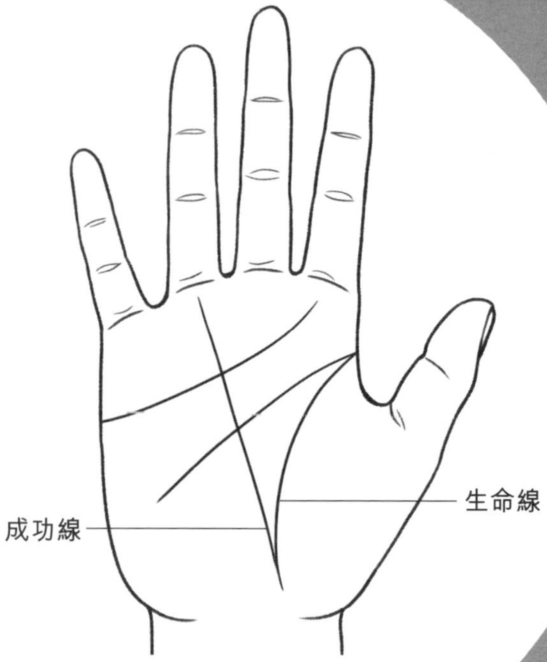

成功線起自金星丘

成功線起自金星丘，同樣代表其人會因得到親屬的幫助而達致成功。

另外，金星丘代表音樂歌唱才華，而太陽丘就代表藝術，故起自金星丘，終點在太陽丘的成功線，會同時擁有兩種特質，在文學、創作或藝術發展方面，必然得到理想的成就。

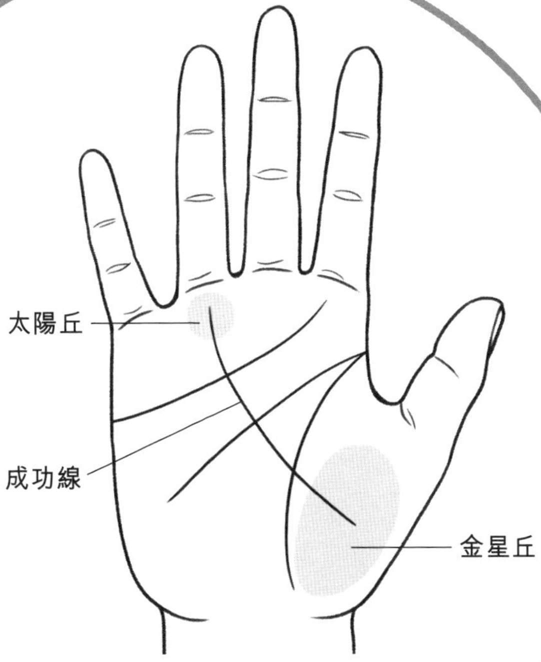

成功線起自腦線之上

成功線起自腦線之上，代表三十五歲以後，事業開始得到成就，如果能夠一直伸延至太陽丘，則代表他／她的成功能夠一直延續下去，直到年老之時。

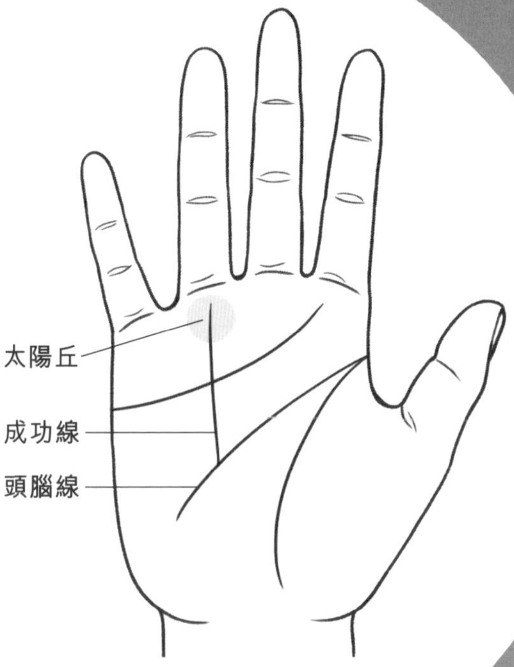

成功線起自火星平原

成功線起自火星平原，代表其人在四十歲以後始得成功，而且要經過艱苦奮鬥，事業才建立起來，從而得到名譽與財富，但這樣的成功是相當穩固的。

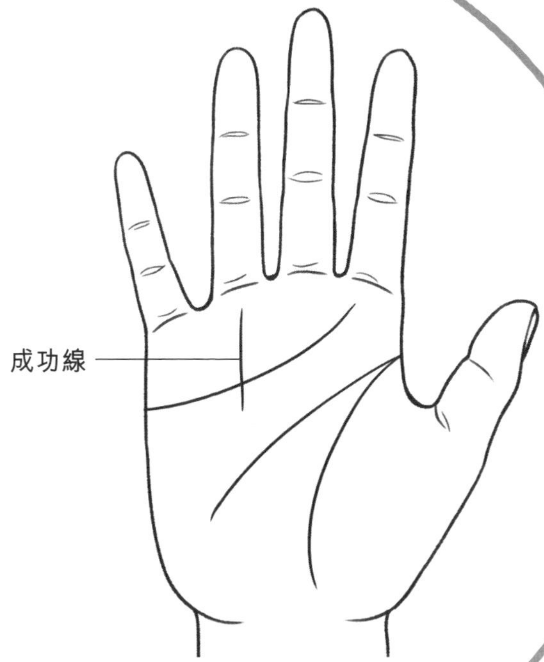

成功線起在心線之上

這種成功線最為常見，代表五十歲後事業才達致成功。另外，有此線亦代表晚年生活富裕，但有這種成功線者之成就一般不會太大。

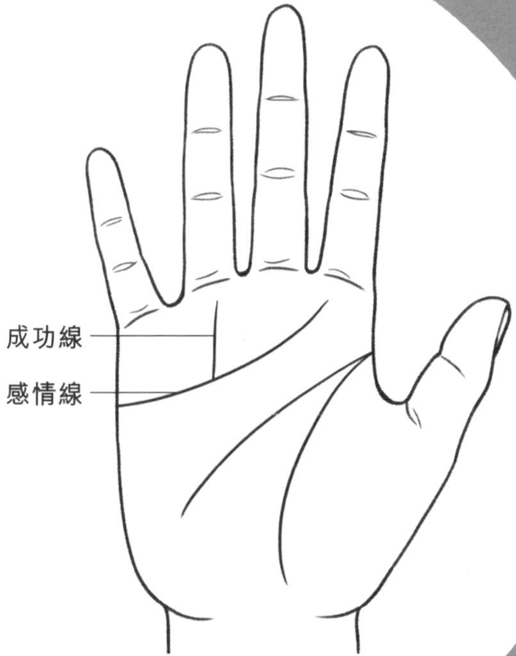

成功線起自命運線上

成功線起自命運線上，表示其人在事業上能夠獲得名譽與財富，而成功的時間及歲數就可從命運線與成功線的接觸點去判斷。

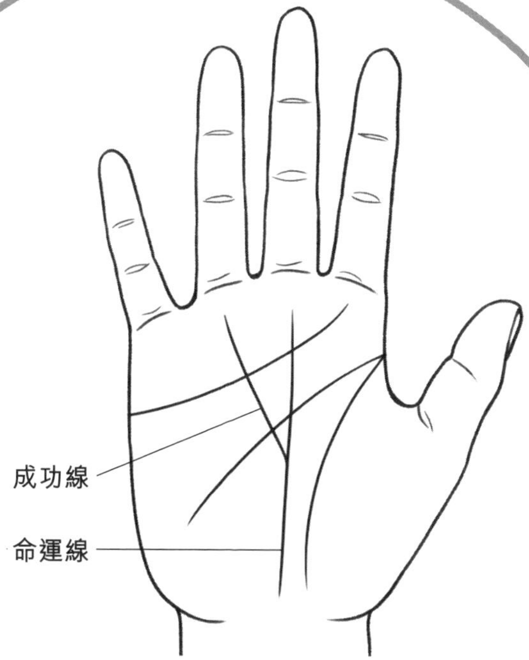

成功線起在手頸線，但很短促

成功線起在手頸線，但很短促，代表早年生活寫意，但可惜不能維持下去，可能是家庭發生重大變故，以致生活不能回復舊觀。

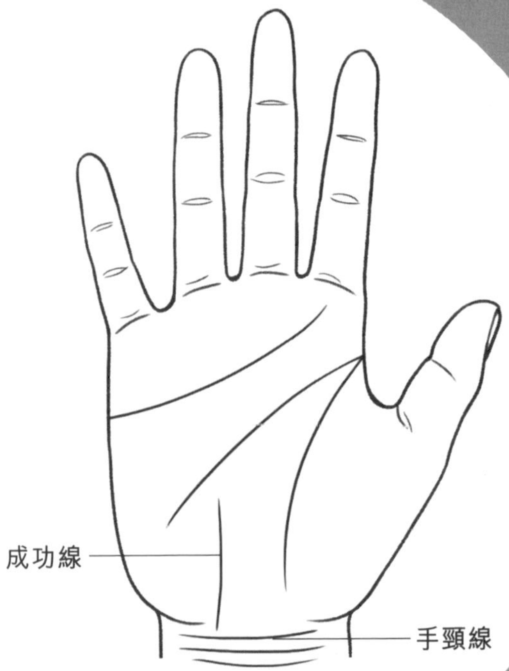

成功線停在腦線之下

成功線停在腦線之下，如出現在左手，代表求學時期學業非常出色，或在學校非常有名；如出現在右手，就代表很早便得到成就，只可惜少年得志，盲目冒進，最終因重大的決策錯誤而把早前的成果完全失掉。

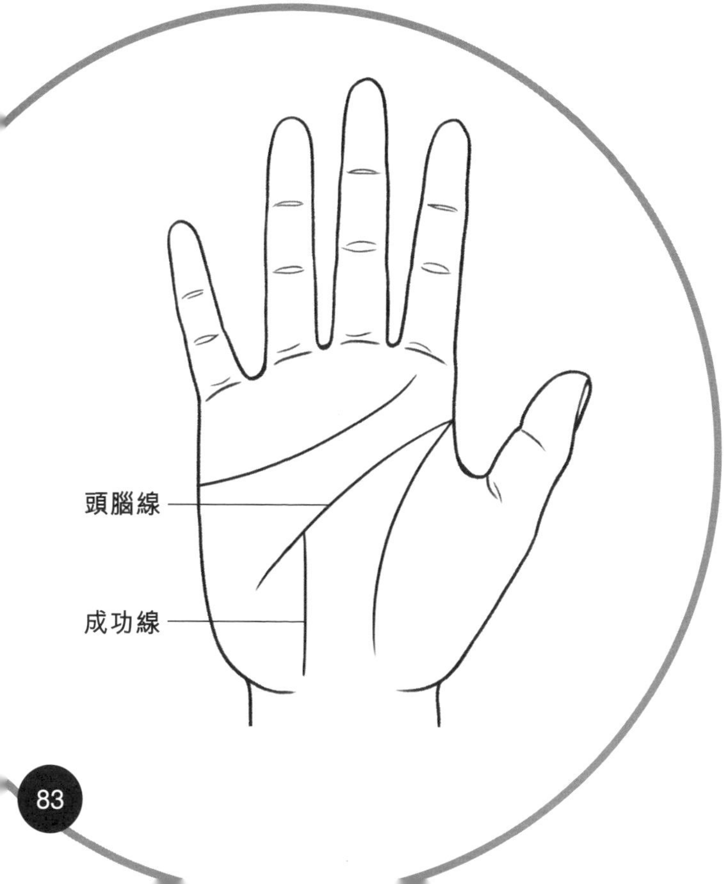

成功線停在心線之下

成功線停在心線之下，表示有卓越非凡的成就，但是由於在情感方面犯了大錯，因而招致失敗及名譽受到損害。

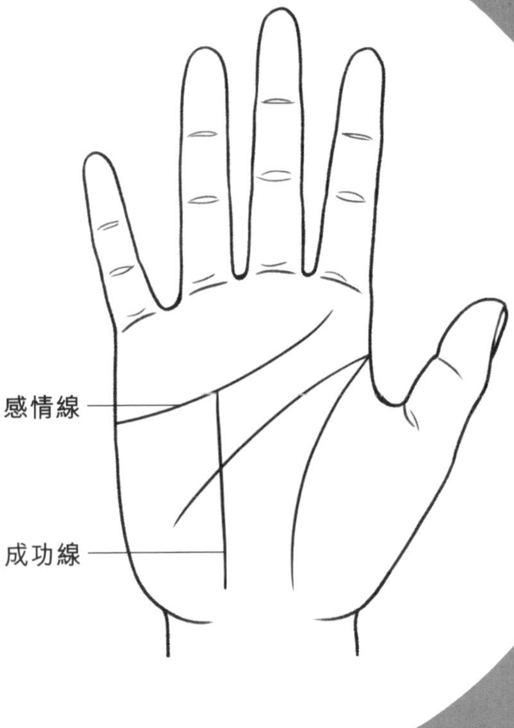

成功線給婚姻線截止

成功線給婚姻線截止，表示有令人傷心的事情發生，因而喪失了幸福。

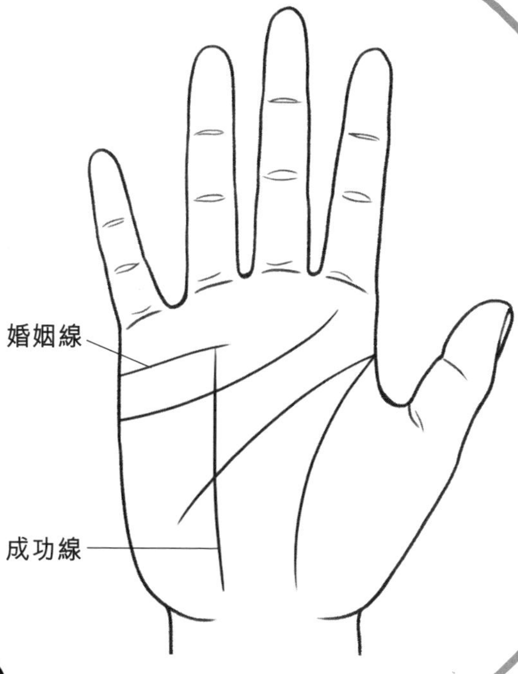

成功線和命運線當中，給一條橫向短線相連着

成功線和命運線當中，給一條橫向短線相連着，代表和夥伴合作和諧，在事業上獲得很大的成就。

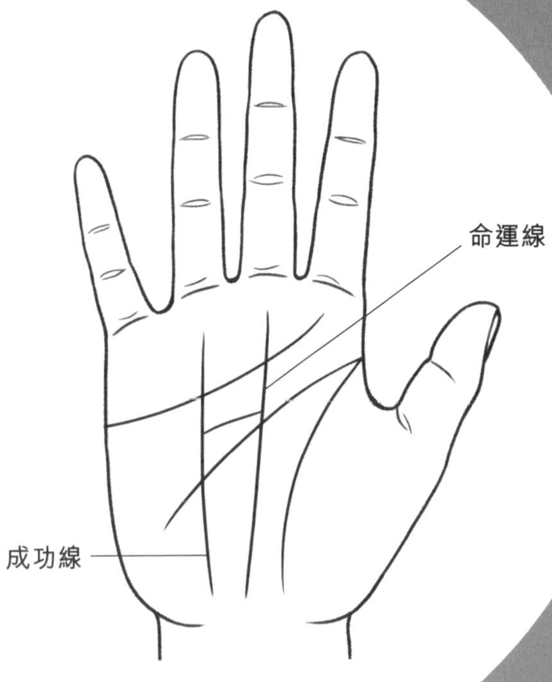

成功線和命運線當中，給一條橫向短線相連，又短線穿過命運線

成功線和命運線當中，給一條橫向短線相連，又短線穿過命運線的話，代表其人和夥伴的合作會產生很大的問題，最後引致損失重大。同時，這亦意味着其人因為不夠聰明，而誤和別人合作。

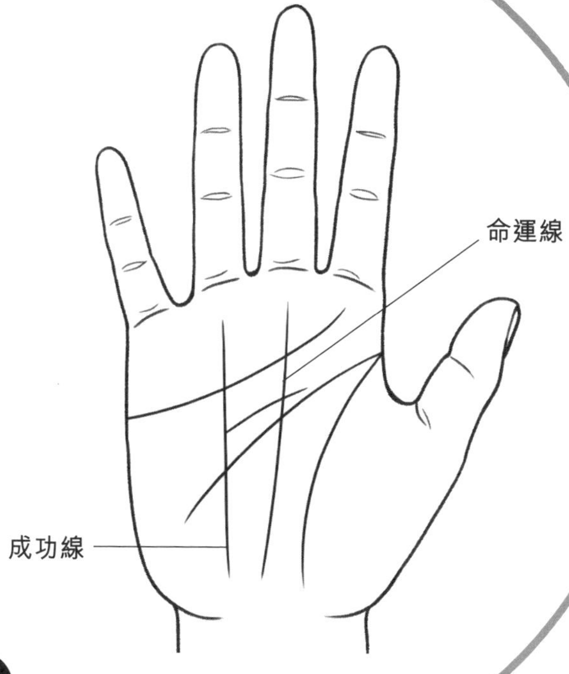

成功線給一條來自太陰丘的短線相連着

成功線給一條來自太陰丘的短線相連着，表示能得異性或好友之助，很早已經開始發展自己的事業，且助力很大，得益良多。

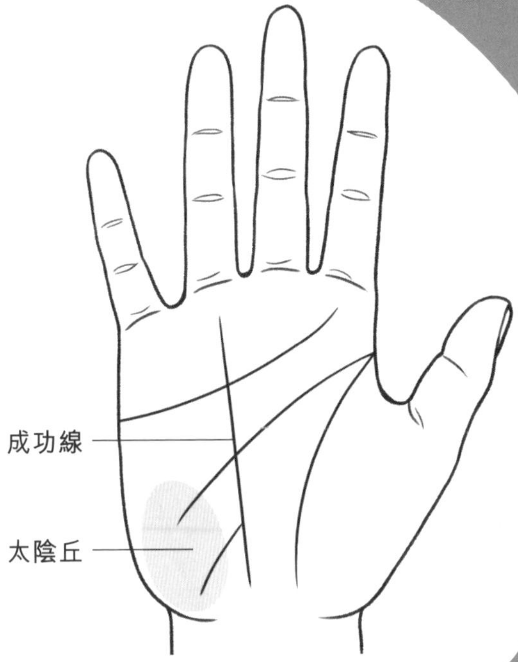

成功線給一條自腦線伸出的短線相連

成功線給一條自腦線伸出的短線相連，表示智慧過人，能獲得事業與名譽，物質享受會相當豐富。

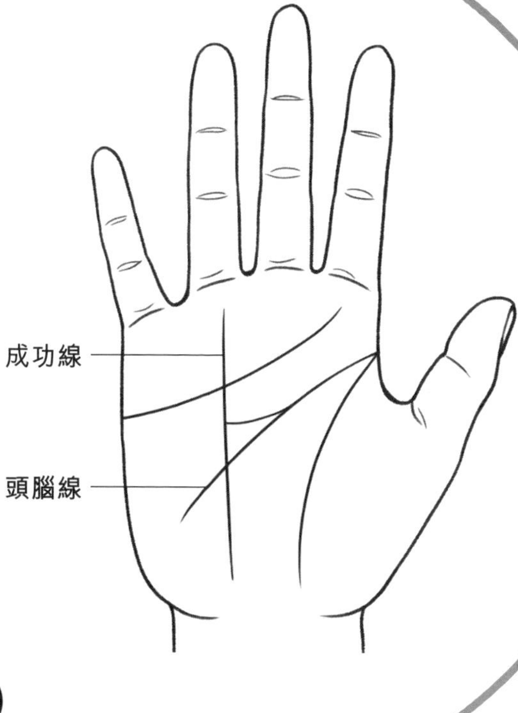

成功線給一條自腦線伸出的短線穿過

成功線給一條自腦線伸出的短線穿過，表示其人頭腦不清，決策錯誤，因而招致金錢上的重大損失，甚至可能引致名譽受損。

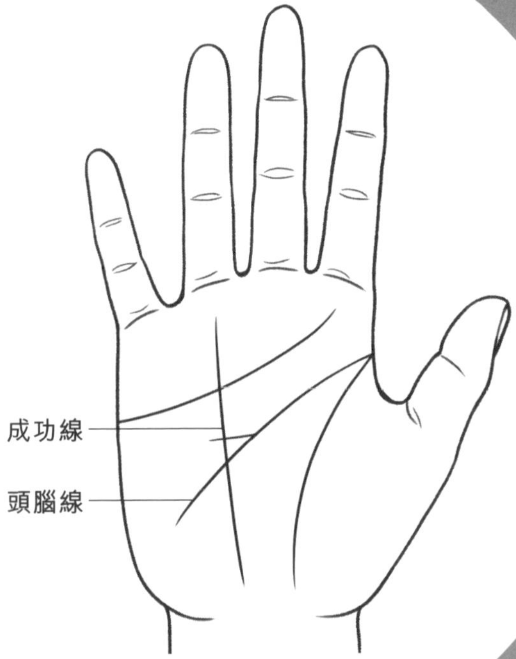

成功線給一條自金星丘伸出的支線相連

成功線給一條自金星丘伸出的支線相連，表示其人會得到家人的幫助，從而令事業得到成功，但其成功是要經過自己刻苦奮鬥的。

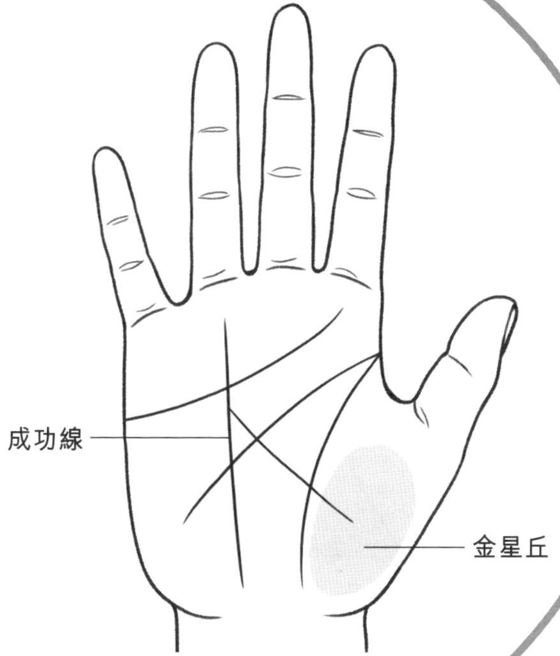

成功線給一條自金星丘伸出的支線穿過

成功線給一條自金星丘伸出的支線穿過，表示其人會因親屬的影響而令事業遭受很大的損失。

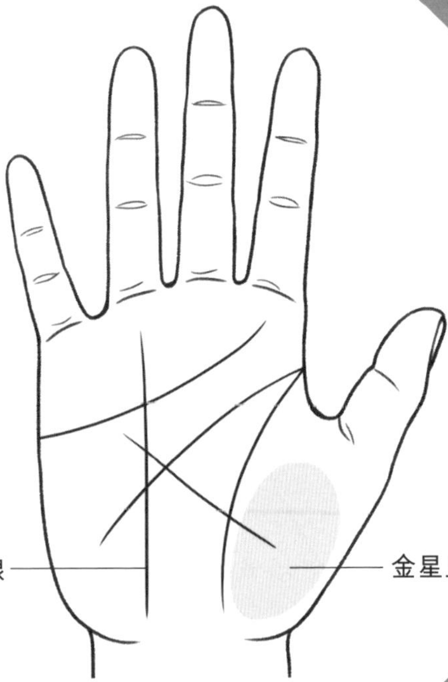

影響線起自金星丘，穿過起自生命線之上升線，橫過掌中，然後觸及成功線

影響線起自金星丘，穿過起自生命線之上升線，橫過掌中，然後觸及成功線，表示其人會因訴訟而忍受長期憂慮，但最後會獲得勝訴，取得很大的利益。

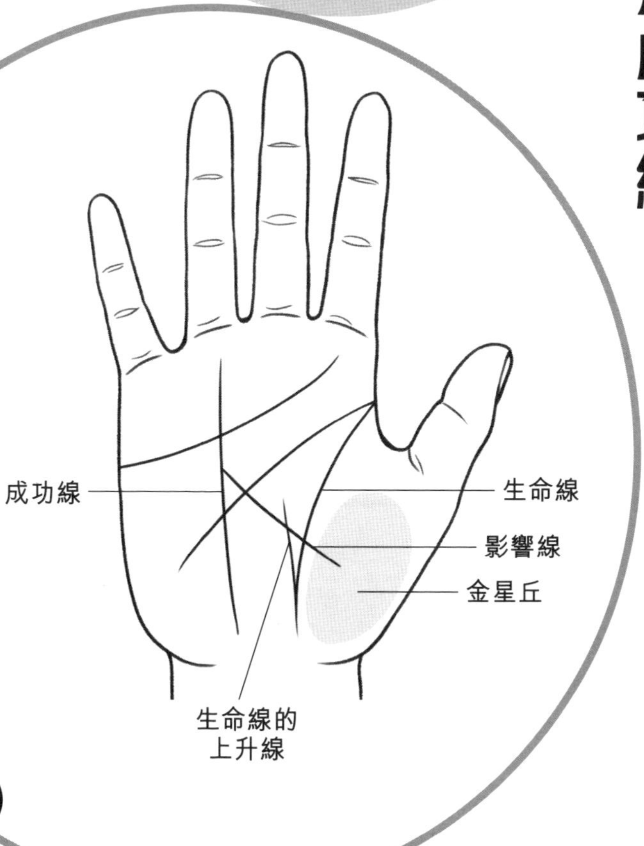

影響線起自金星丘，穿過起自生命線之上升線，橫過掌中，然後穿過成功線

影響線起自金星丘，穿過起自生命線之上升線，橫過掌中，然後穿過成功線者，會因訴訟而忍受長期憂慮，且最後敗訴，遭受到很大的經濟損失。

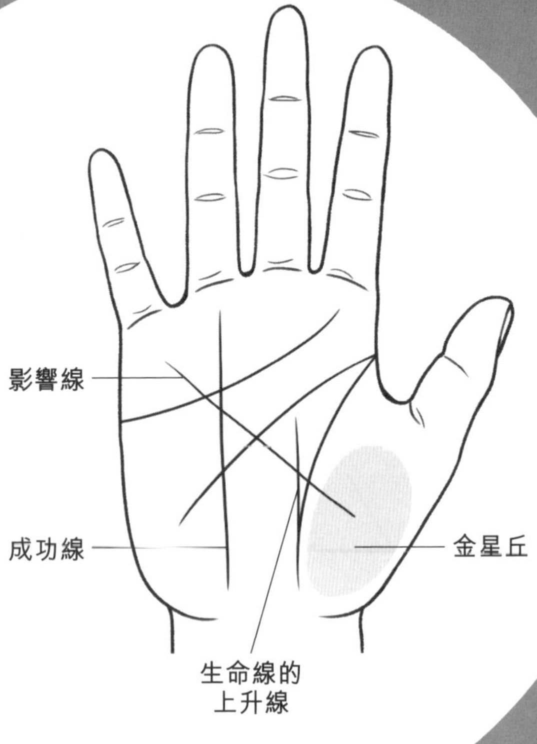

成功線有支線伸出，指向土星丘

成功線有支線伸出，指向土星丘，表示智力過人，對於研究每一種學說都能夠非常深入，有獨特見解，評價亦高，因而獲得成就與名譽。

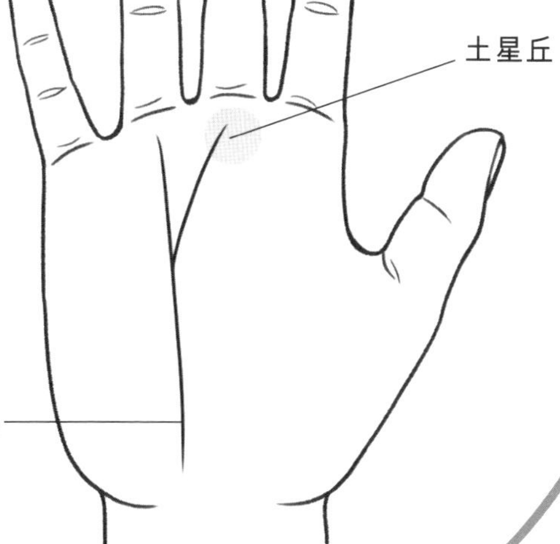

成功線有支線伸出，指向水星丘

成功線有支線伸出，指向水星丘，表示頭腦精明，尤其是在商業及科學方面，往往容易獲得成就與財富。

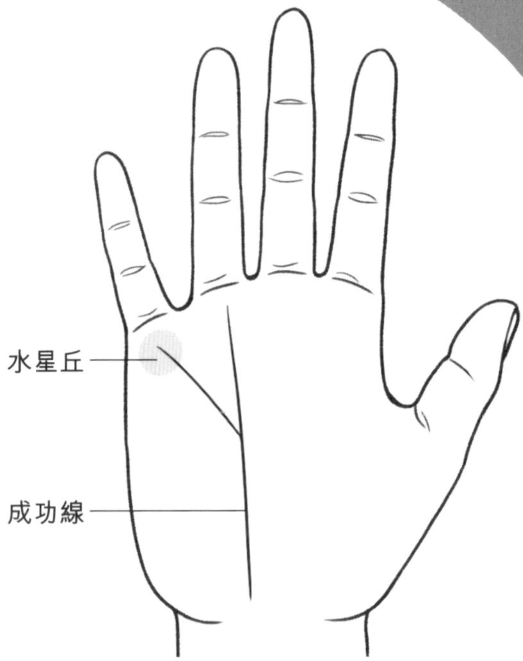

成功線起點出現島紋

成功線起點出現島紋，表示事業在得到成功以前，要面對極大的困難，但最終都能克服障礙，邁向成功。

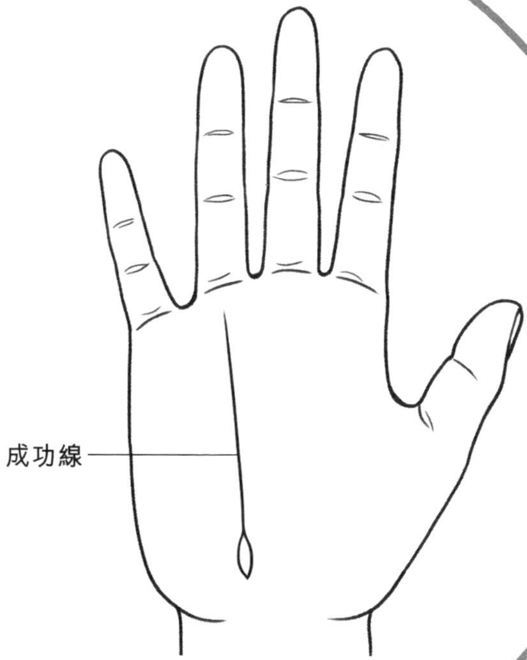

成功線上有島紋

成功線上有島紋，主成功受到破壞，因而引致名譽受損；但如成功線能夠穿過島紋再伸延上去，就代表最終能收復失地。

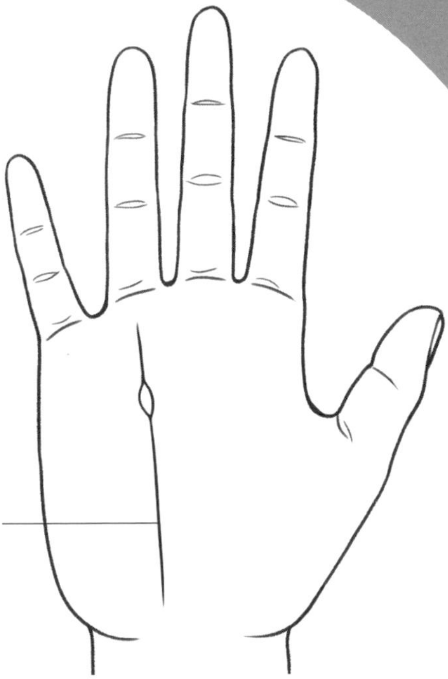

成功線末端出現島紋

成功線末端出現島紋，代表事業最終以失敗告終，無東山再起的機會，且失敗極有可能因桃色事件而起。

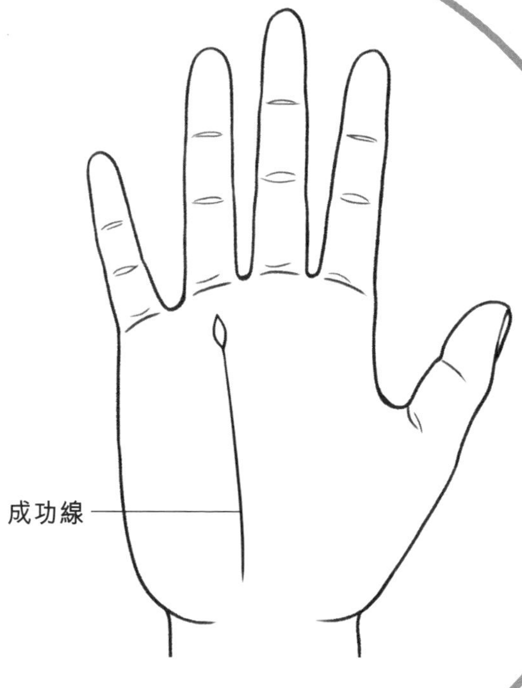

成功線和婚姻線相接觸

成功線和婚姻線相接觸，表示會因婚姻關係而獲得名譽與財富。另外，此線亦主其人會與富有之人結婚。

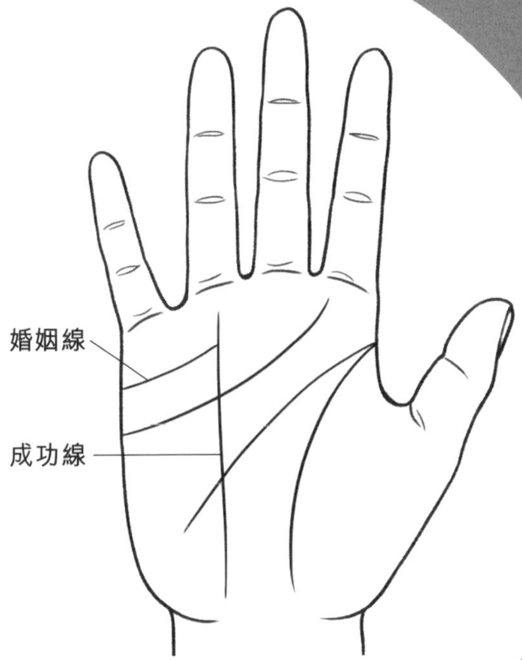

成功線出現島紋，而島紋觸及婚姻線

成功線出現島紋，而島紋觸及婚姻線，代表其人會因婚姻關係而喪失名譽地位。

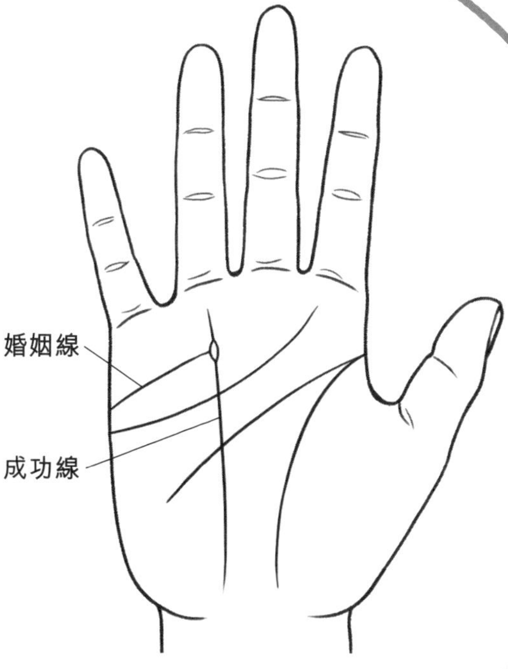

成功線成雙，並排而上

成功線成雙，並排而上，並非代表成功線的力量得以加強，反而是減半，即成就會沒有一條清楚明顯的成功線佳。

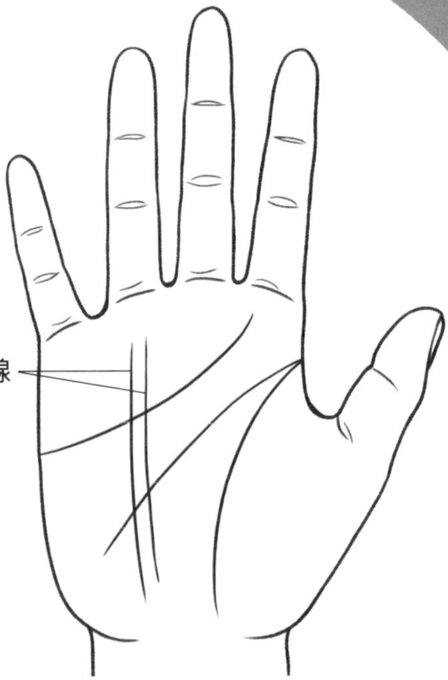

成功線呈片段狀

成功線呈片段狀，雖不代表事業有一定成就，但亦主一生衣祿無憂，有車有樓。

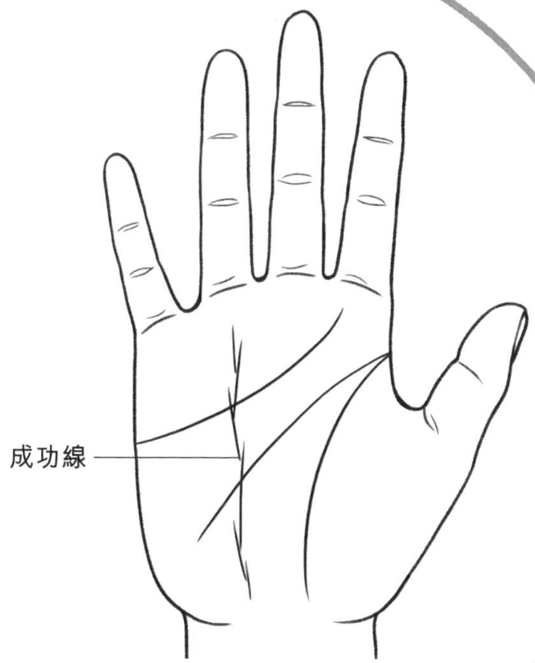

成功線在感情線上，且有數條之多

成功線在感情線上，且有數條之多，雖不代表晚年會得到名譽財富，但晚年生活是富足的，且感情生活亦相當充實。

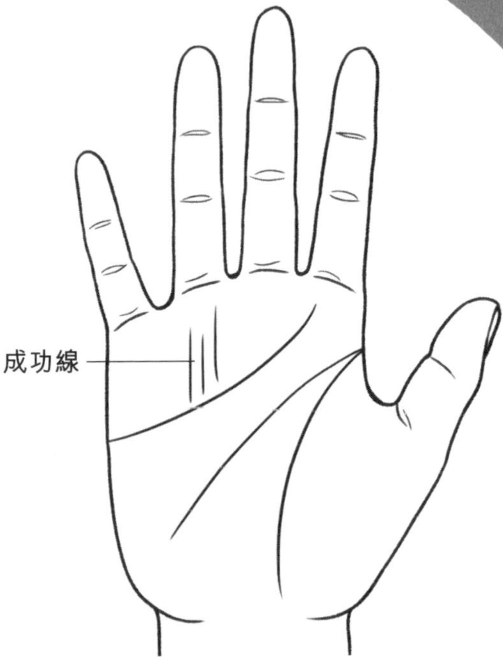

成功線呈鎖鏈狀

成功線呈鎖鏈狀，是一條不合格的成功線，完全不能發揮其作用，可以當作沒有成功線看待。

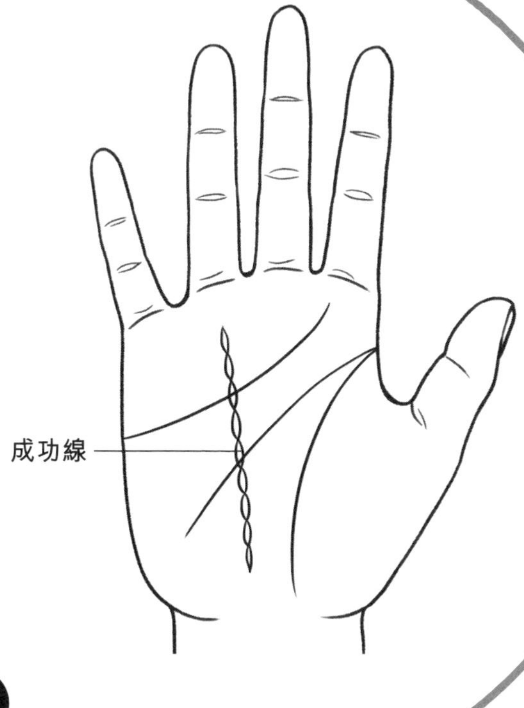

成功線線尾有短的支線並行

成功線線尾有短的支線並行，代表有承繼遺產的機會，且遺產的數目頗為龐大；另外，得此線者一生會較為幸運。

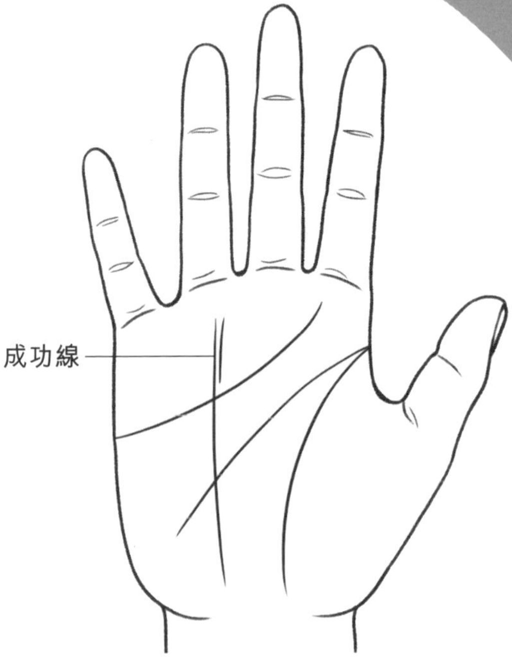

成功線線尾出現星紋

成功線線尾出現星紋，是一個不尋常的幸運記號，代表名譽顯赫，且得到的成功是持久而不容易失去的；另外，此線亦代表其人有意外之財、橫財。

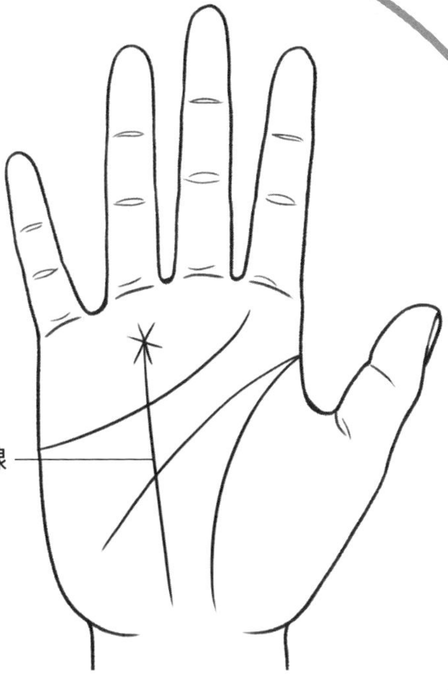

成功線線尾有方格紋

方格具有保護力，如成功線線尾出現方格紋，就代表其人的成功會受方格紋所保護，不容易失去。

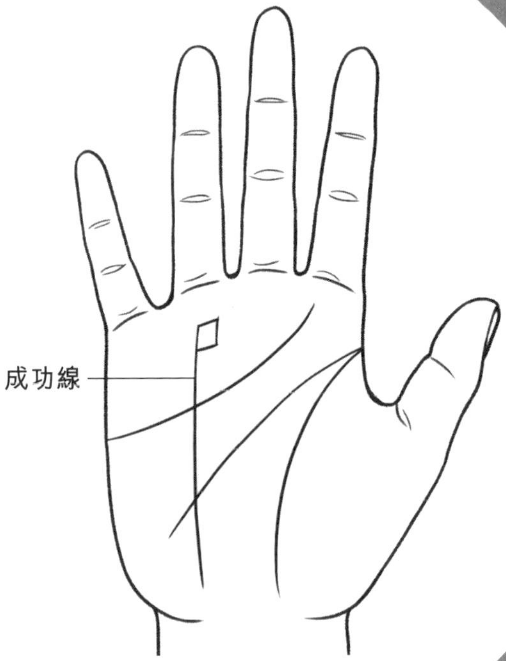

成功線彎彎曲曲

成功線彎彎曲曲，主喜走捷徑，不向正途發展，容易成為騙子或賭徒，且會是在賭局中出千的賭徒。如配上長的水星指，其騙局更會不容易被識破。

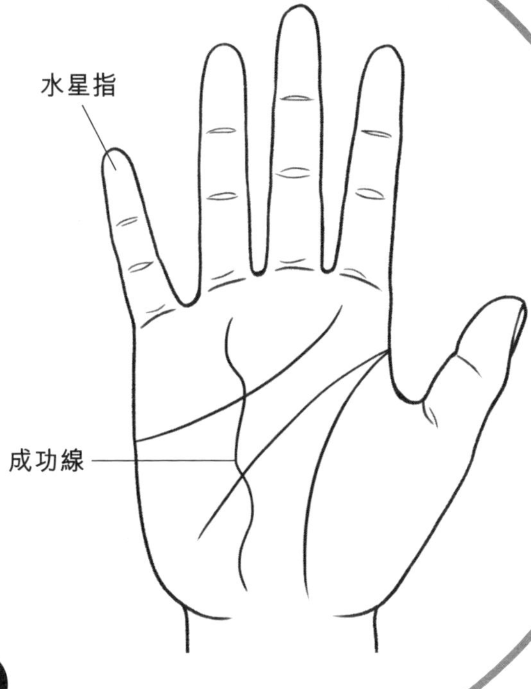

水星線

水星線又名「直覺線」、「第六靈感線」，亦名「健康線」，這是一條下意識的腦線。有明顯水星線的人，在很多情況下，往往能非常準確地憑感覺去判斷一件事情。

又古代稱這條線為「健康線」，認為它不出現比出現好。事實上，這是不正確的，因為水星線不單能加強其

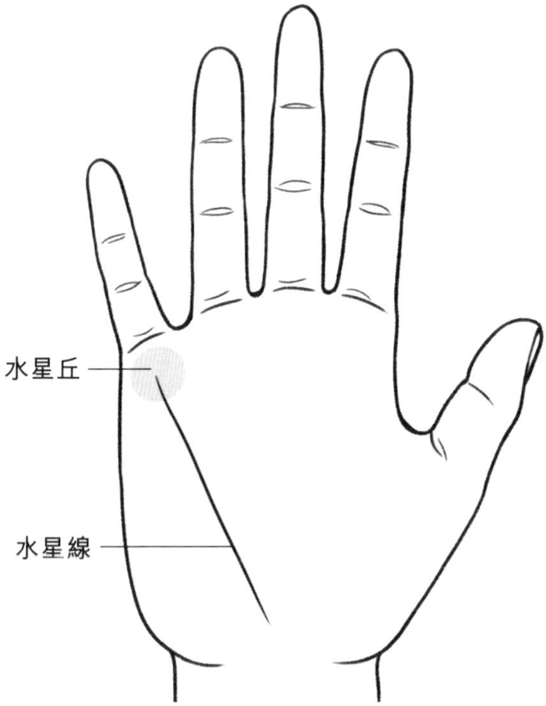

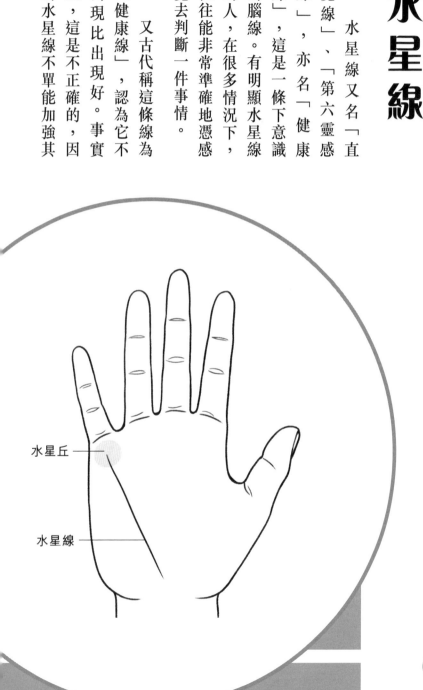

人的直覺力，亦能加強水星丘的力量；同時，一條清楚無雜紋的水星線，還有增強健康保護力之效，如果掌中沒有良好的命運線與成功線的話，水星線甚至能起替代之作用。實際上，只有不良的水星線，才會反映身體狀態不佳。

水星線不論起自何方，其線尾一定走向水星丘。

又水星丘代表財富，故有清楚明顯的水星線，亦代表一生的物質享受是豐富的。

水星線起自手掌基部，清楚向上達至水星丘

這是一條非常良好的水星線，代表直覺力強，有創造力，有商業頭腦，更能在科學上發展，一生財運佳，健康狀況也是良好的。

又水星線出現在先天手，代表一生具有直覺力；如果出現在後天手，則代表其人在三十歲以後才具有這種能力。

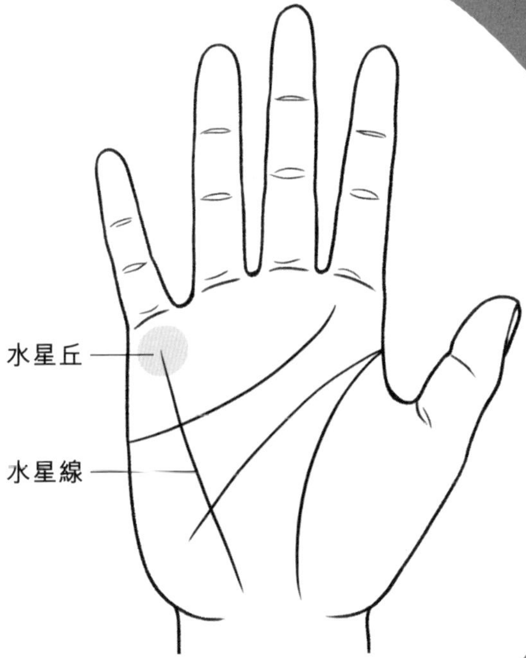

水星線淺而無力

水星線淺而無力，代表感覺若隱若現，似有還無，有時極其準確，有時又完全無中生有，予人神經質的感覺。

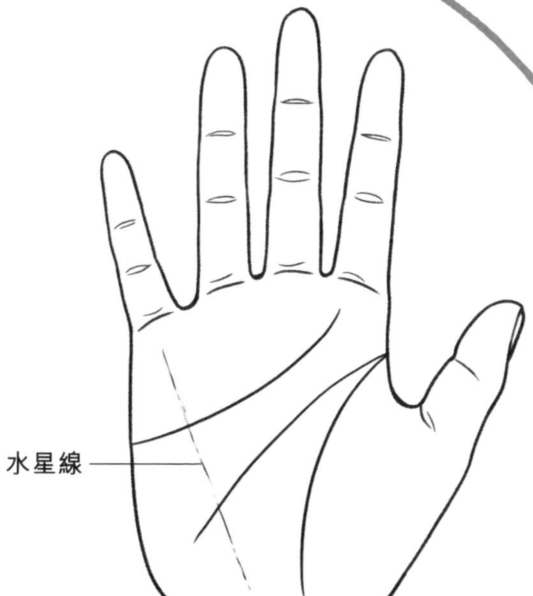

水星線深刻而明顯

水星線深刻而明顯，代表有良好的直覺力，且憑感覺去判斷一件事情時會非常準確。

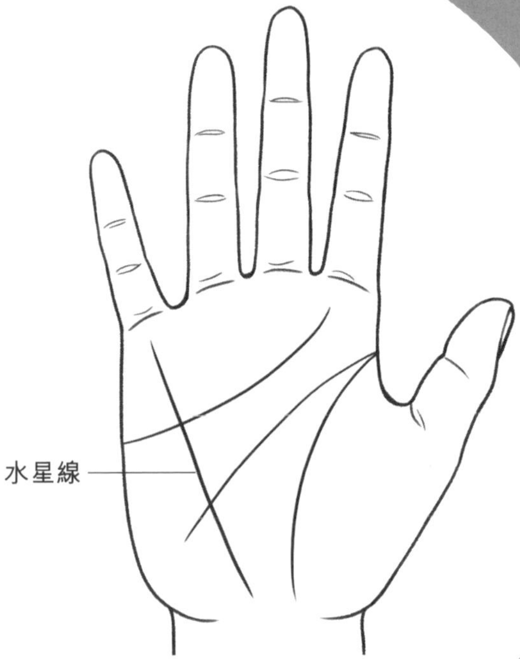

水星線呈片段狀

這是最常見的水星線，代表其人因感覺能力不佳而變得疑心重重，整天都感覺到這，感覺到那，其實他／她的感覺大部分都是無中生有。

另外，不清的水星線亦顯示其人的消化系統出現毛病。

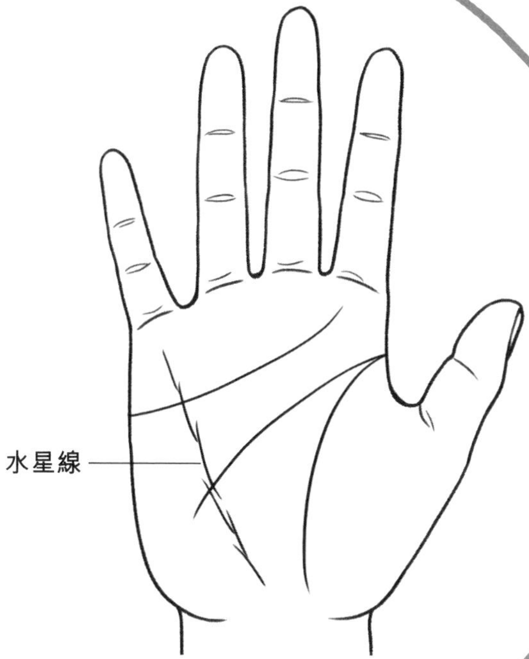

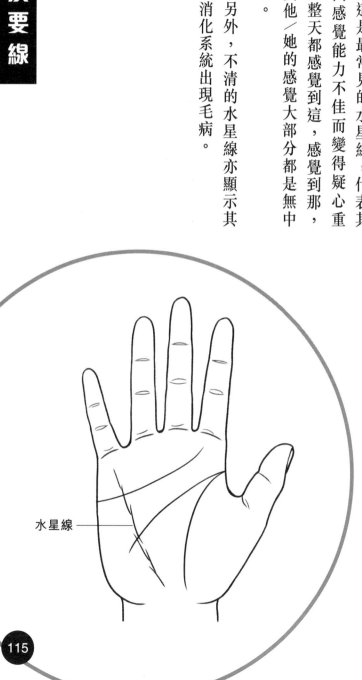

水星線起自金星丘內

古代認為水星線穿過生命線之點為死亡之年，但後來發現這是不正確的，而其正確意義應為——水星線起自金星丘，會受到金星丘的影響，讓其人感覺到世間情感之事，故從事心理學或命理學必能有出色的成就。

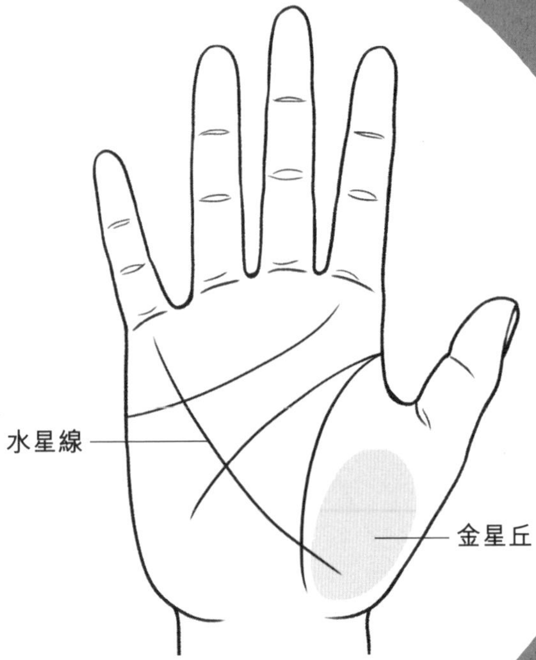

水星線起在生命線上

水星線起在生命線上，主有強烈之獨立個性，且每事均有獨立之見解，令其人與眾不同。

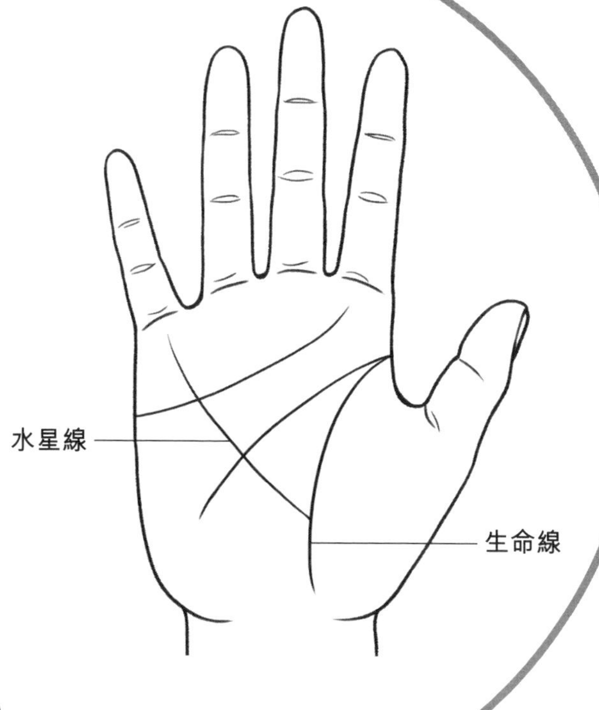

水星線上有島紋

水星線上有島紋，主容易有神經過敏的情況，大大破壞了其人的直覺能力；更甚者，有時還會因過敏而引致神經衰弱，患失眠，甚至夢遊之症。

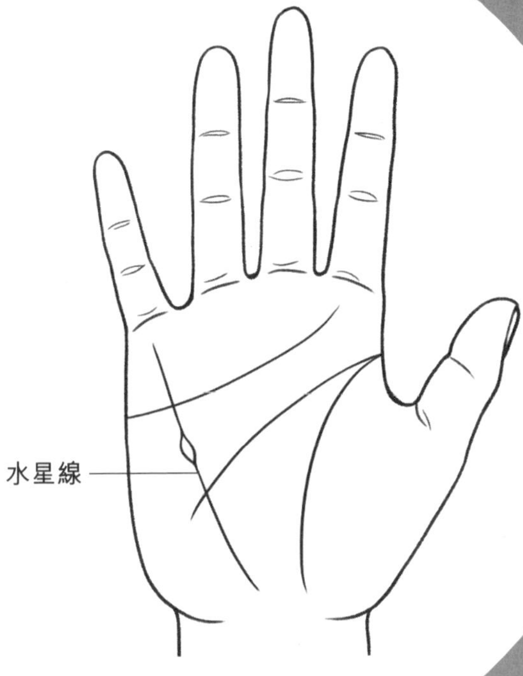

水星線呈鎖鏈狀

水星線呈鎖鏈狀，代表完全失去直覺能力，且健康問題較大，尤其要提防肝臟及腸胃問題。

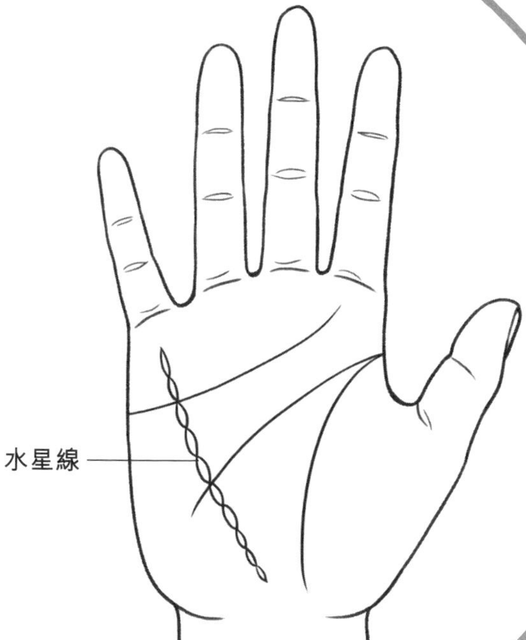

水星線在腦線交接點上出現星紋

水星線在腦線交接點上出現星紋，是一個難於受孕的記號，代表其人很大可能不能生育。

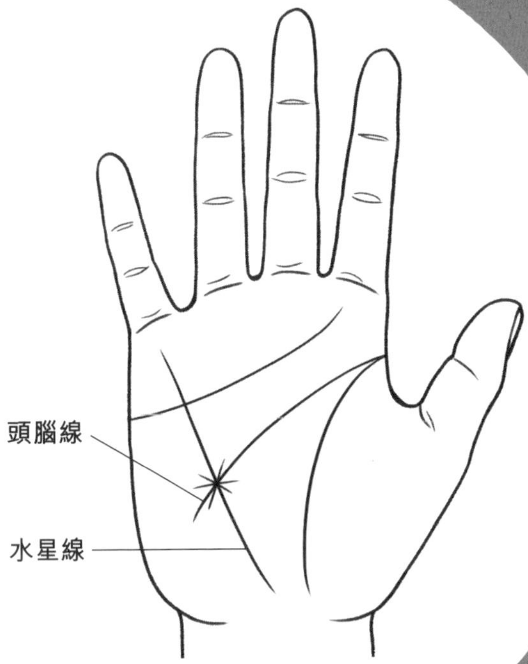

水星線有支線伸出，伸延至上火星丘

水星線有支線伸出，伸延至上火星丘，主有堅忍之意志，能克服一切困難，達致成功，因而得到財富與物質享受。

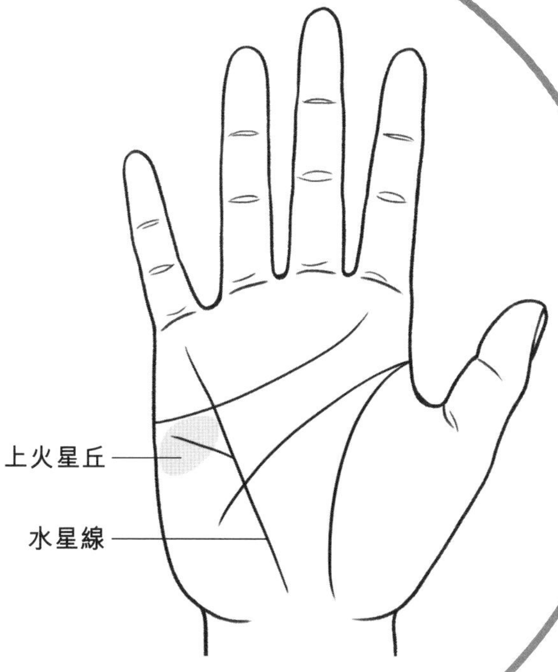

水星線有支線伸出，指向太陽丘

水星線有支線伸出，指向太陽丘，主有藝術鑑賞能力，且能以此來獲得商業收益；如加上手腕圓滑與水星丘的機智，其人成就必然很大。

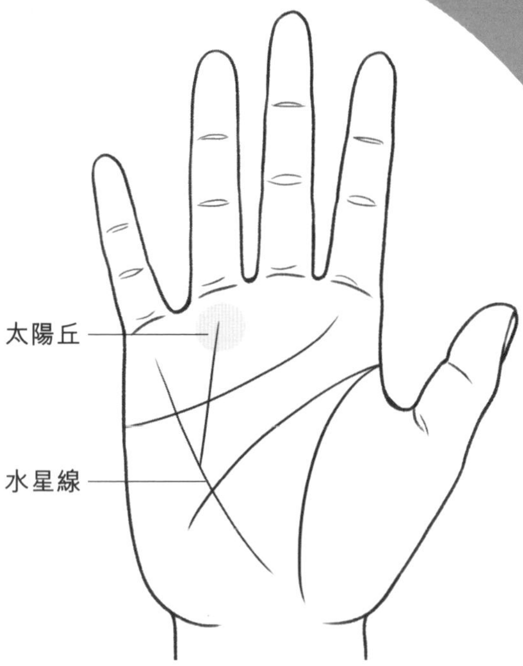

水星線在太陰丘處有橫紋出現

太陰丘上有橫紋穿過健康線，在太陰丘上部代表腸胃出現毛病，中部代表風濕痛症，下部代表腎、膀胱病。

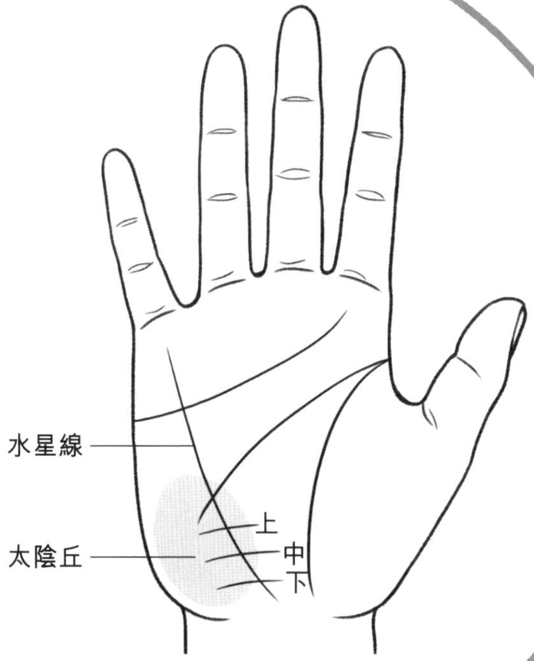

婚姻線

婚姻線是位在感情線以上、水星指基部以下，橫向伸延的細線。婚姻線其實不一定用來判斷結婚的年期或歲數，反而是一條作為感情記號的線，代表着感情的輕重與重要性，以及其吉凶好

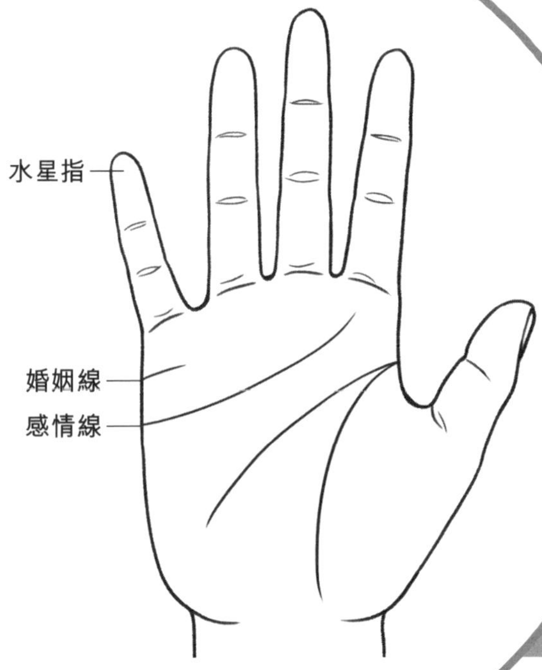

壞。所以，並不是婚姻線多，就代表多重婚姻，而婚姻線只有一條，亦不一定代表只得一段姻緣。

又婚姻線以深長為佳，淺、斷、有島紋、十字紋、向上向下、重重疊疊或模糊不清為差。

另外，婚姻線亦可代表戀愛次數，多則戀情較多，少則戀情較少；深長則戀情深刻、記憶深刻，但並不一定代表多次婚姻；淺就如浮雲之聚散，過後不多久已經忘記。

婚姻線所代表的年歲

婚姻線是感情記號，記錄着每段重要感情的時間，其年歲由感情線起是零歲，至水星指基部止，男性代表七十歲，女性代表六十歲，故中間位置男性代表三十五歲，而女性就代表三十歲。

但因由感情線至水星指基部之間代表着六七十年的光景，所以在判斷感情歲數之時極為困難，除了要考眼光外，直覺能力亦非常重要。事實上，眼光可以從經驗積累而來，但直覺能力卻是天生的，所以天生沒有水星線或成功線的人，在學習掌相之時會比較困難，也不容易成為一位出色的命相學家。

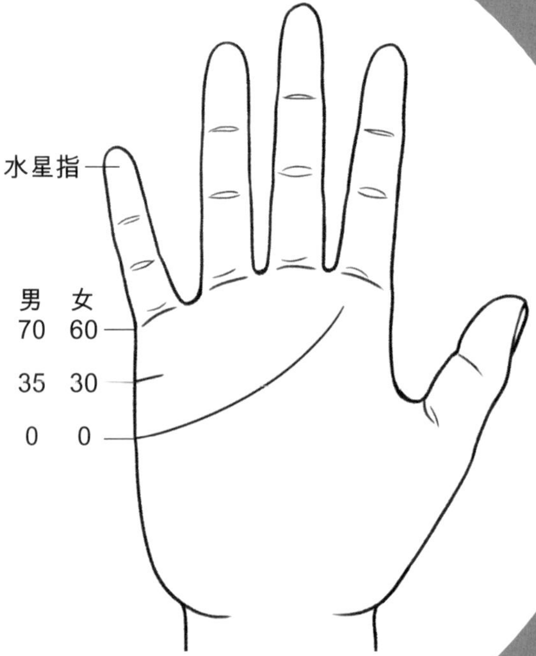

婚姻線之年齡判斷方法

婚姻線所代表的年歲是由下而上的——

如在A線位置，男性大約代表十八至二十歲，女性大約代表十六至十八歲。

如在B線位置，男性代表三十三至三十五歲，女性則代表二十八至三十一歲。

如在C線位置，男性代表在四十五歲以後，女性就代表四十歲以後。

但以上的判斷方法只供參考，實際還是要察看個人之手掌大小、感情線的高低，然後再作出判斷，方為準確。

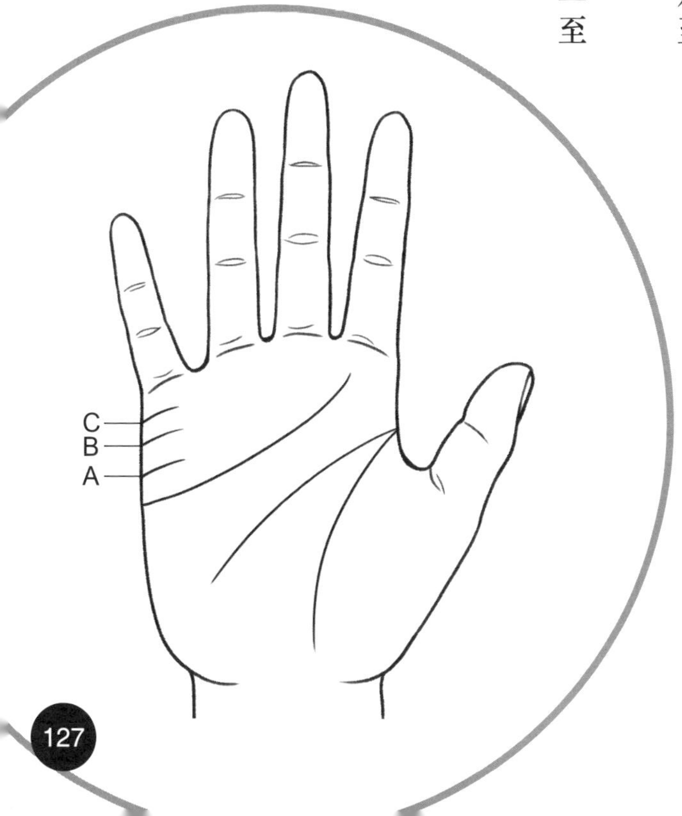

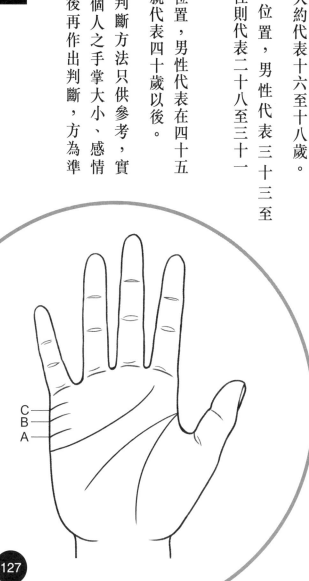

婚姻線深長而清

一般而言，婚姻線到達水星丘中間位置已算是一條長的婚姻線，如加上此線深刻而清晰，便代表這段感情非常深刻，且其人有打算結婚的意願；另外，在這條長線的時間結婚的話，婚姻大抵都能終老。

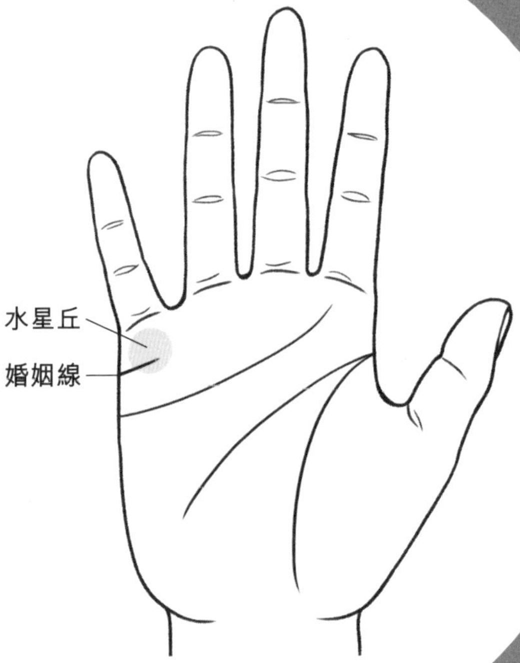

婚姻線深長而清，但有兩條，且互相距離較闊

兩條明顯但距離闊的婚姻線，並非代表兩段姻緣，而是代表一段美好良緣，與只有一條深長的婚姻線意義相同。

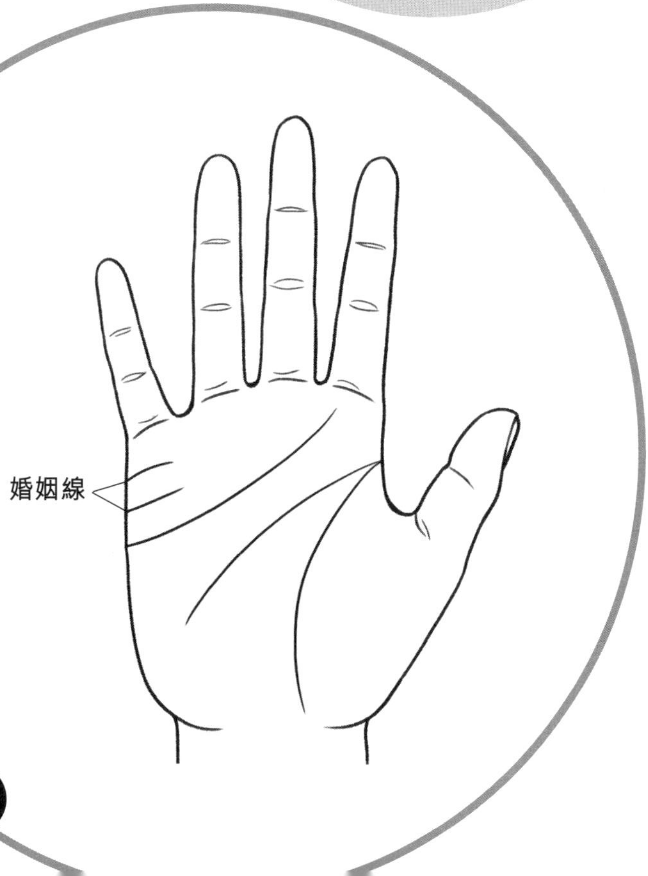

婚姻線一深一淺且距離接近，第一條較深而第二條較淺

如果第一條婚姻線深而第二條淺，便代表第一段感情較深，而第二段感情較淺。

如在第一條線所代表的年歲已經結婚，就意味着其人婚後會出現桃色事件；如果在第二條線所代表的年歲結婚，則代表結婚的那段感情，不夠第一段深刻。

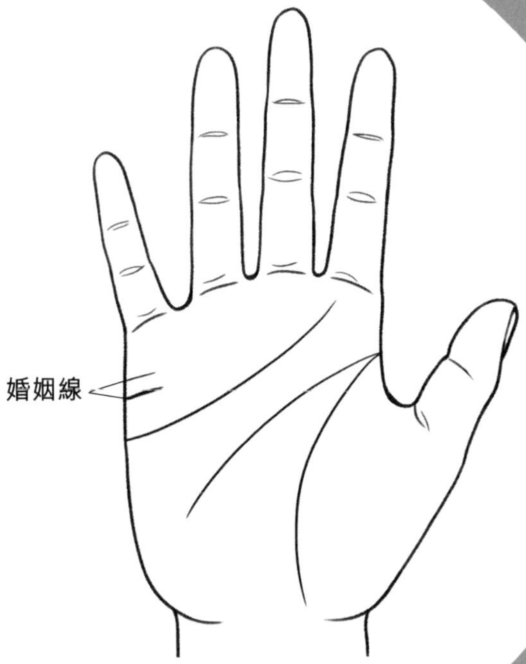

婚姻線一深一淺且距離接近，第一條較淺而第二條較深

這代表第一條線所發生的感情沒有第二條線的深刻，如果在第一條線所代表的年歲已經結了婚，則很有可能在遇到第二段更深刻的感情時，離婚再結婚。

相反，如果在第一段感情出現之時，並無結婚，至第二段感情出現之時才結婚，則這段姻緣較容易白頭到老。

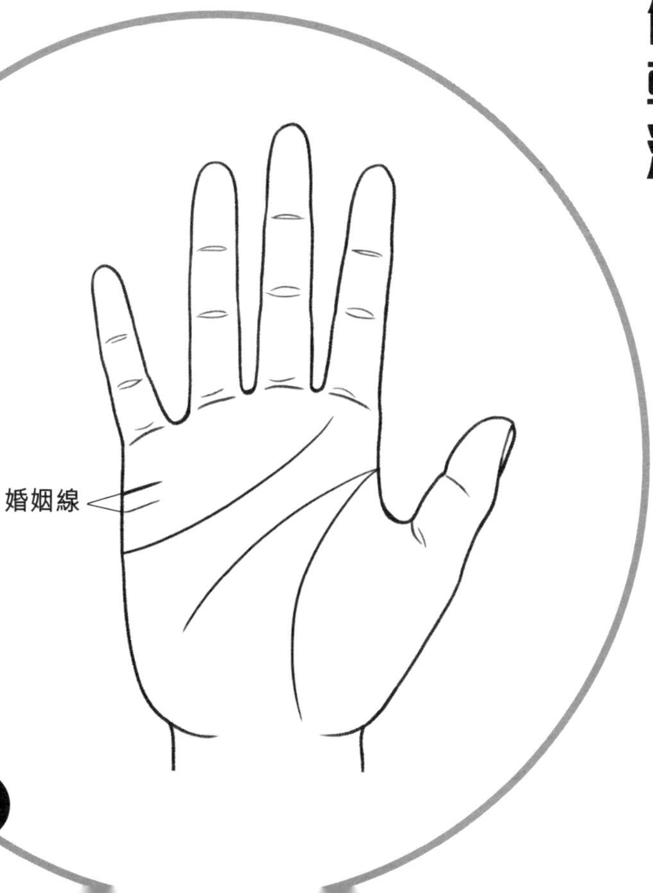

婚姻線兩條平行，距離緊貼且較不深刻

這是同居線，代表其人無意結婚，只願意與伴侶一同生活。如果勉強結合，可能馬上分手收場。

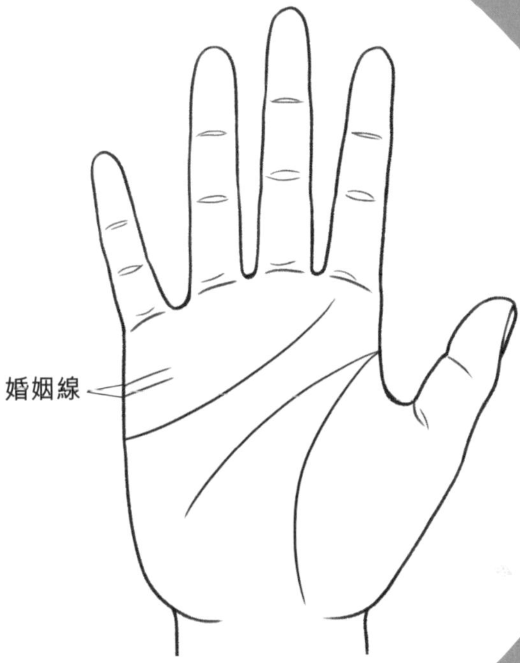

有多條婚姻線，但條條皆深刻而長

如掌中有多條婚姻線，但條條皆深刻而長，則其人可能很博愛，亦可能有多重婚姻。不過，他／她對每一段關係都是用上真情的，以致一生在感情上難以取捨。

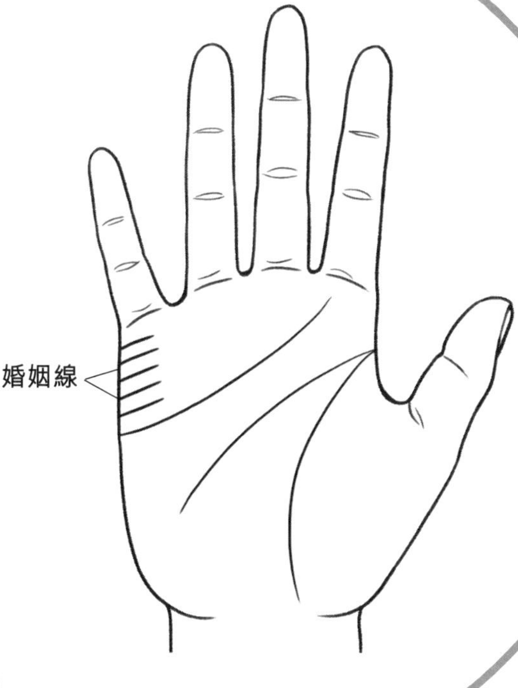

有多條婚姻線，但都淺、短或長而不清

有多條婚姻線，但都淺、短或長而不清者，均用情不專，容易見異思遷，且對每一段感情都抱持觀望態度，不會太投入，常常想着日後會出現一個更加理想的人。

最終，他們錯過一段又一段的感情，就算不孤獨終老，亦難免勉強找個人結婚。

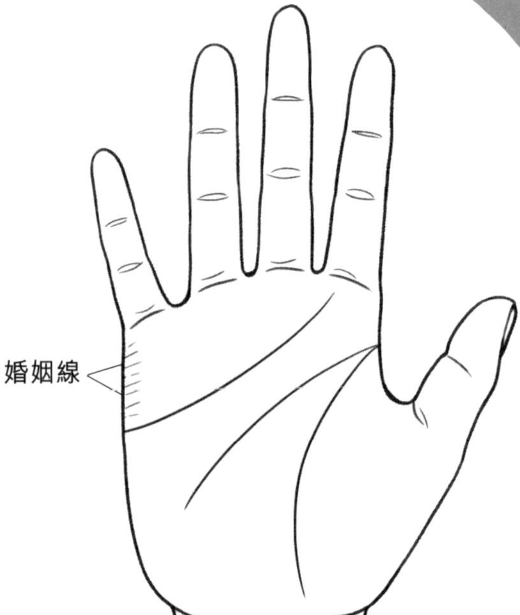

婚姻線雜亂，模糊不清

婚姻線雜亂，模糊不清，代表其人無意結婚，即使勉強結合，亦不容易維持下去，大多離婚告終。事實上，這類人不單止對婚姻態度是這樣，就連對感情亦是這樣，故不容易維持一段穩定的感情。

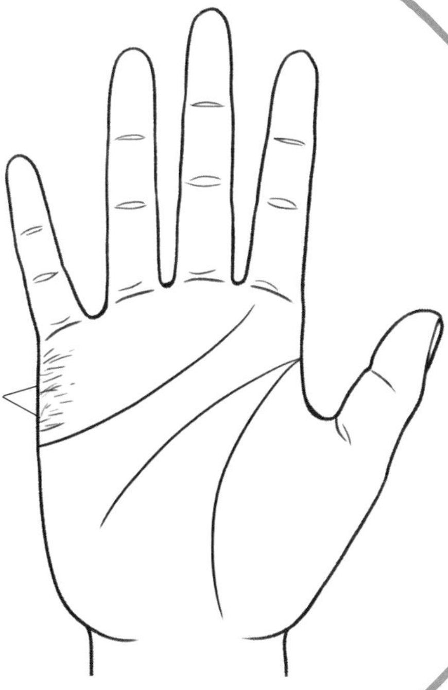

婚姻線線尾開叉

婚姻線線尾開叉，主婚後夫妻意見不合或各居異地，但不一定是離婚收場。從現代角度判斷，此線亦可判斷為容易遇上異地緣，如果是這樣的話，則這段感情出現問題的機會不大。

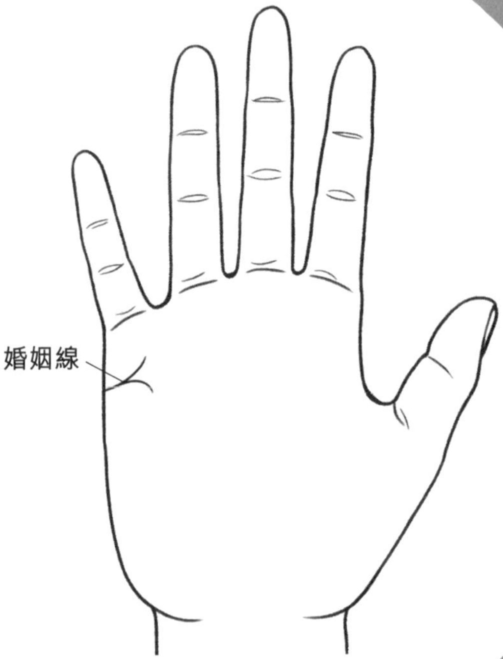

婚姻線線尾開叉，再給一條起自下火星丘之線穿過

婚姻線線尾開叉，再給一條起自下火星丘之線穿過，代表雙方意見不合，常常各持己見，爭吵不休，且互不相讓，這樣的婚姻當然無法維持下去。

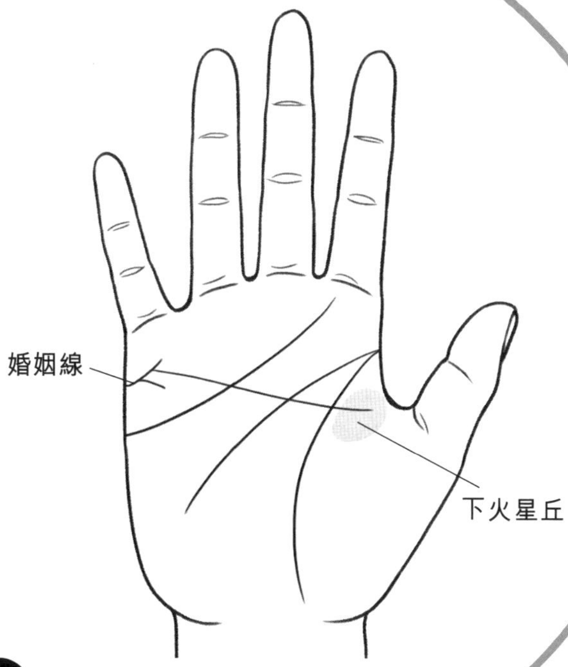

婚姻線折斷

婚姻線折斷，主反目或離異，最後分手收場。

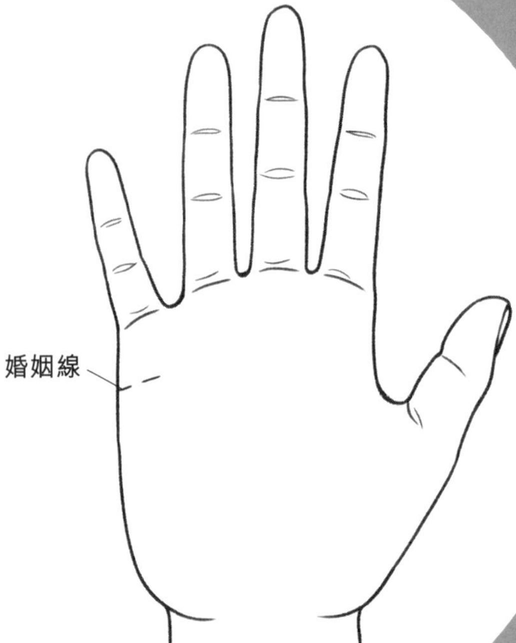

婚姻線線尾開叉，而且向下觸及感情線

這種情況較為嚴重，極有離婚之可能，即使勉強維持下去，雙方都是不愉快的。

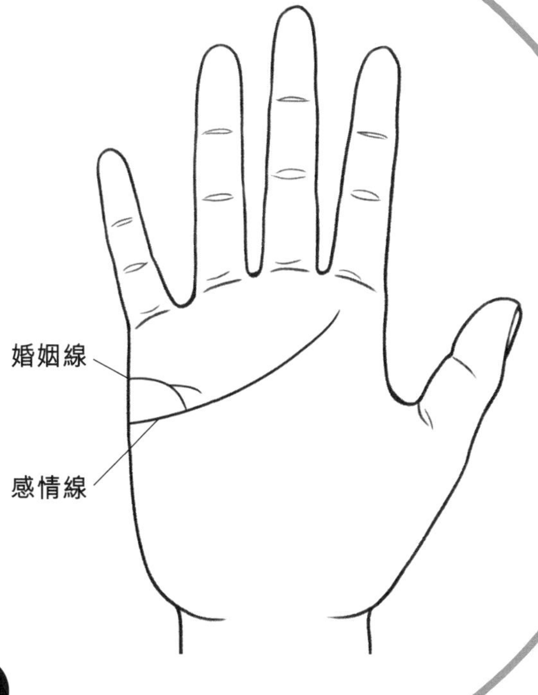

婚姻線向下彎，觸及心線

這是一條生離或死別的婚姻線，但是如果對方要常常外出公幹的話，則代表婚姻問題較小。

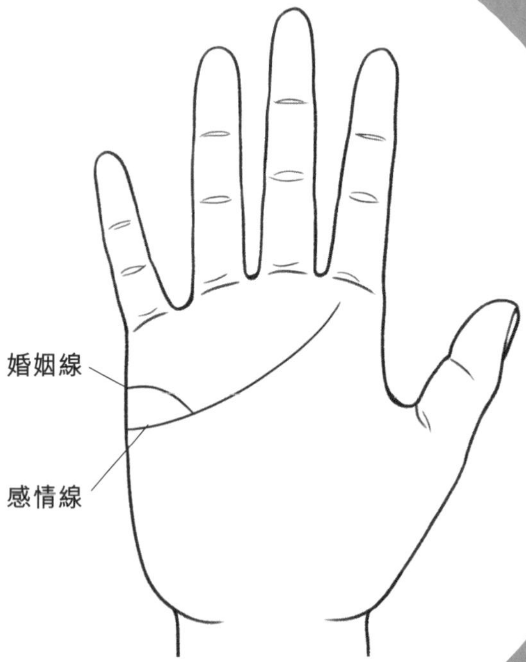

婚姻線線尾彎曲向上

婚姻線線尾彎曲向上，代表其人無結婚意願，選擇同居的可能性較大。

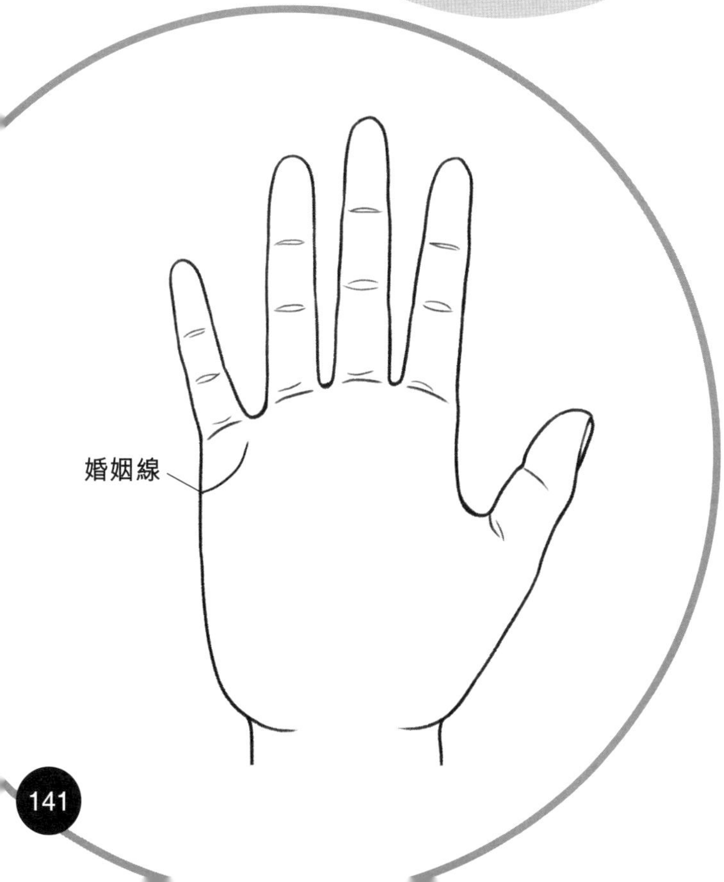

婚姻線當中有島紋

A線——婚姻線起點出現島紋，代表這段感情開始之時，遇到很大阻力，及後衝破困難，最終能夠走在一起。

B線——婚姻線當中出現島紋，顯示有第三者破壞雙方關係，但最後靠雙方努力，終可衝破困難，走在一起。

C線——代表雙方關係破裂，最終無法修補，分手收場。

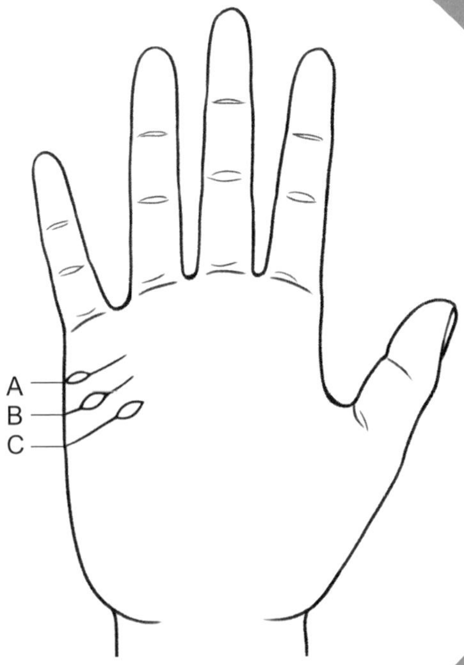

婚姻線由一連串小島組成

婚姻線由一連串小島組成，不論出現在男方或女方掌上，均代表不能得到幸福的婚姻。

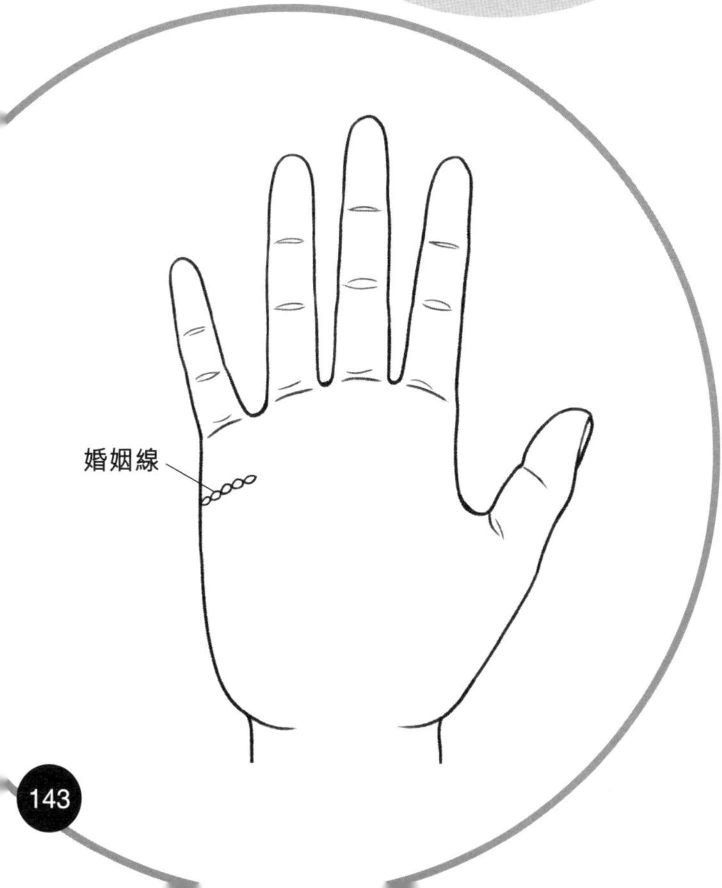

婚姻線給垂直短線穿過

婚姻線給垂直短線穿過，代表這段婚姻開始之時會受到親人或其他人反對，而阻力的大小則看直紋的深淺——淺的話，代表最終能衝破阻力走在一起；但直紋如比婚姻紋還要深刻，則能衝破阻力走在一起的機會不大。

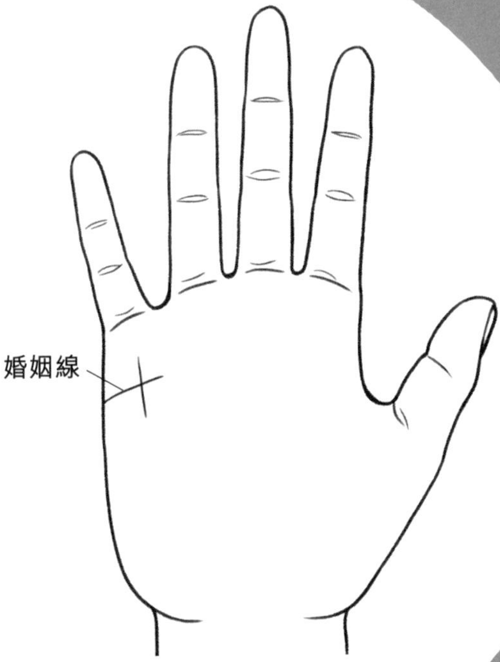

婚姻線末端有十字紋或星紋出現

婚姻線末端有十字紋或星紋出現，代表配偶容易意外死亡，但如果出現星紋的話，意義將會相同。

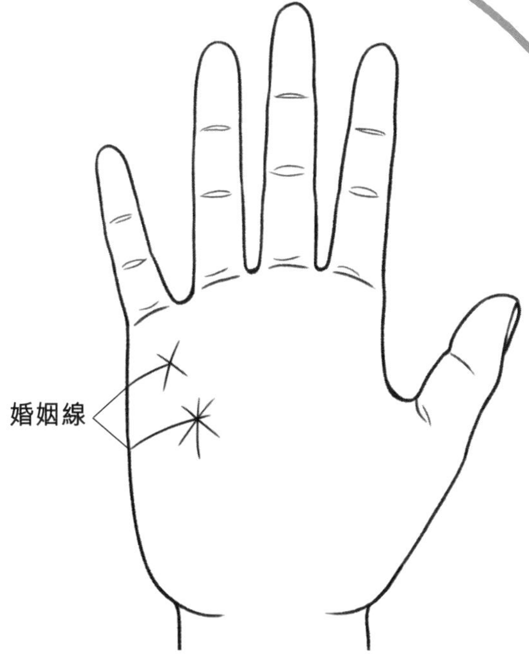

婚姻線與一條起自下火星丘的支線相連

婚姻線與一條起自下火星丘的支線相連，代表婚後雙方吵架不絕，最終感情破裂，婚姻無法維持下去。

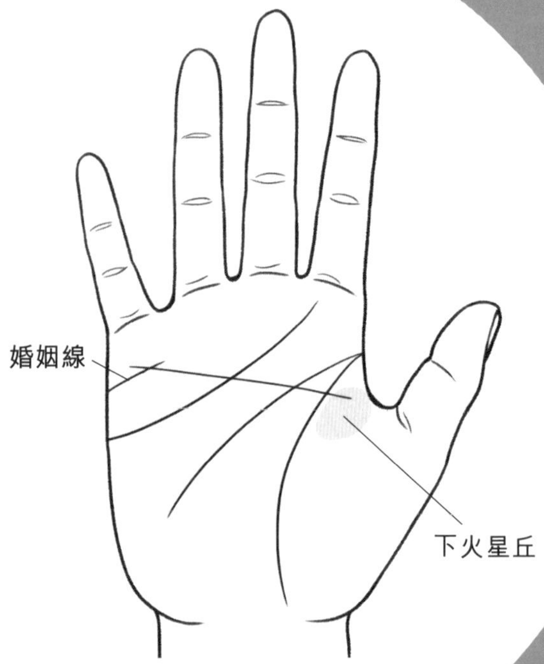

婚姻線與一條起自下火星丘的支線相連，在下火星丘部分更發現十字紋

這代表其人有情殺行為，又此情殺行為因妒忌心而起，大多關係到男女之三角關係，猶幸此線並不常見。

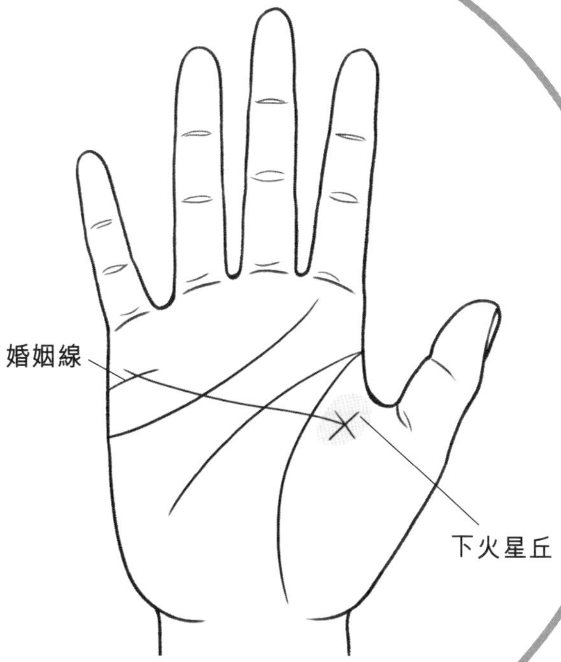

婚姻線有支線下垂穿入金星丘內觸及火星線

婚姻線有支線下垂穿入金星丘內，並觸及火星線，代表有密友破壞其婚姻關係，可能是與其配偶發生姦情，又或因妒忌心而刻意破壞。

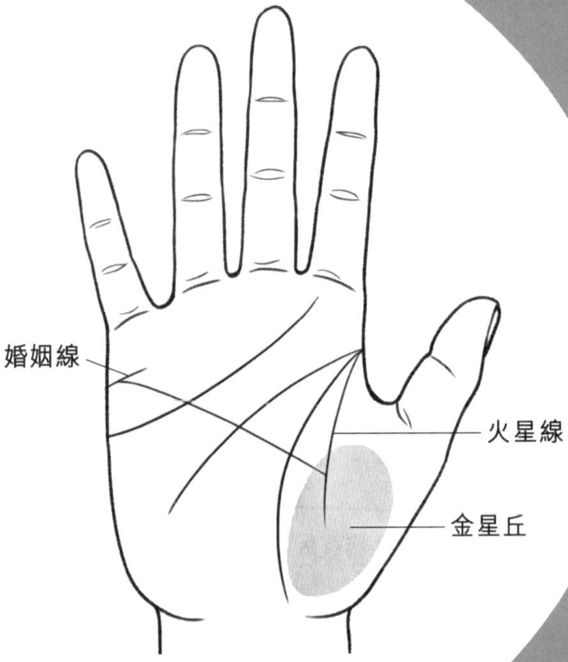

婚姻線直穿入下火星丘內

婚姻線直穿入下火星丘內，代表婚後生活不佳。究其原因，是因其人妒忌心重，導致夫妻間吵鬧不休。

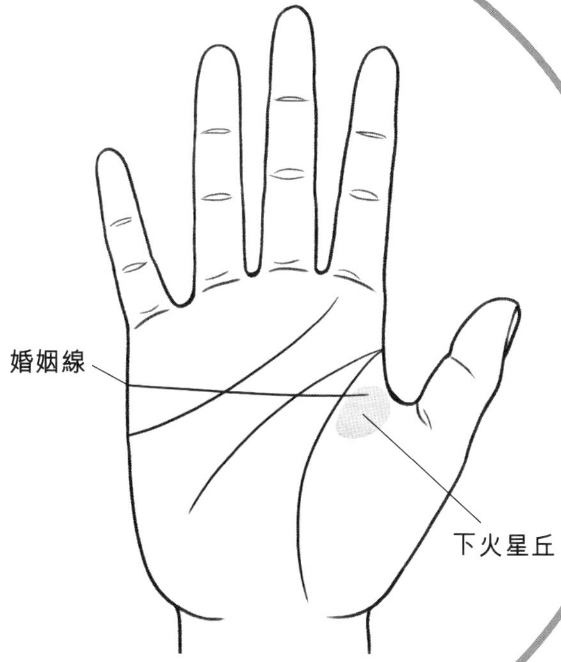

婚姻線給一條起自金星丘的支線穿過

婚姻線給一條起自金星丘的支線穿過，代表其人會因情慾關係而妨礙婚姻，這妨礙是因婚外情而導致的。

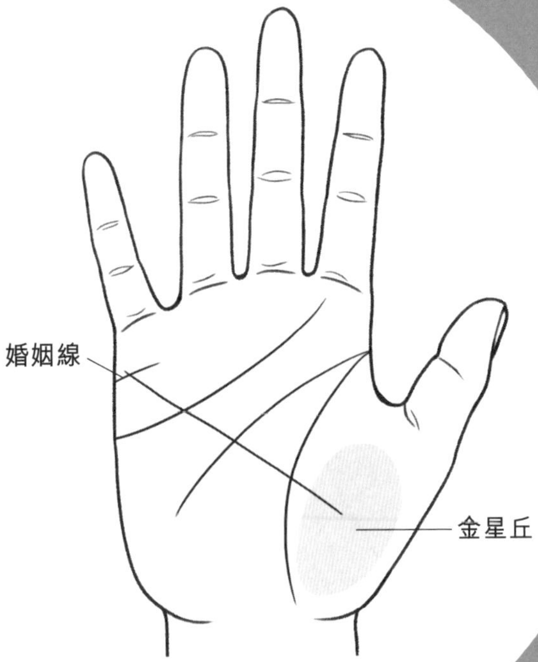

婚姻線給一條起自金星丘的支線穿過，且支線在金星丘內更出現島紋

婚姻線給一條起自金星丘的支線穿過，且支線在金星丘內更出現島紋，便代表其人會因姦情而導致婚姻破裂，最終離婚收場。

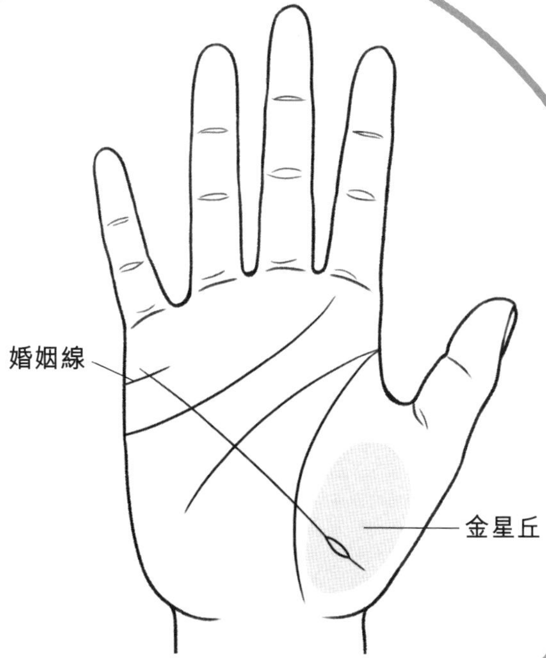

婚姻線長，達至土星丘，且尾部出現十字紋

婚姻線長，達至土星丘，且尾部出現十字紋，代表其人本性自私冷酷，可能用計謀殺掉枕邊人。

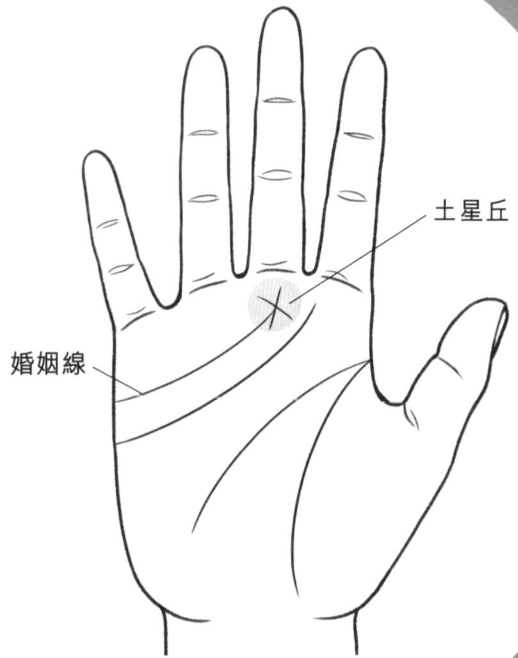

婚姻線清晰，但有毛毛細線下垂

婚姻線清晰，但有毛毛細線下垂，代表配偶體弱多病，容易影響到正常的婚姻生活。

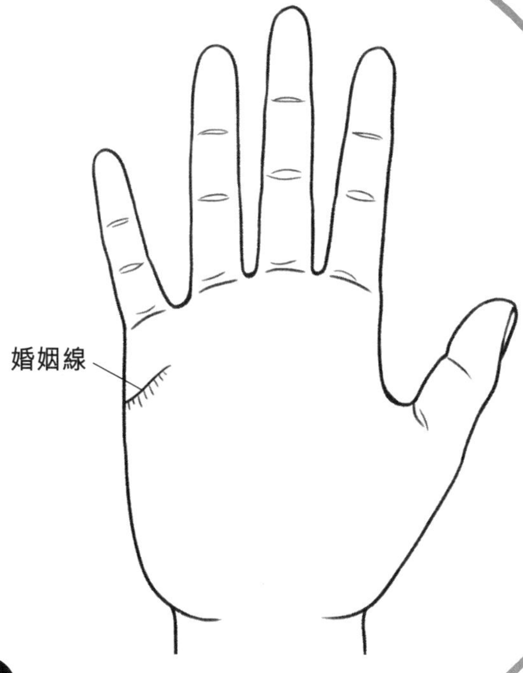

婚姻線長，線尾與成功線接觸

婚姻線長，線尾與成功線接觸，代表其人會與有名氣、地位的人結婚，婚後將得到地位與財富。

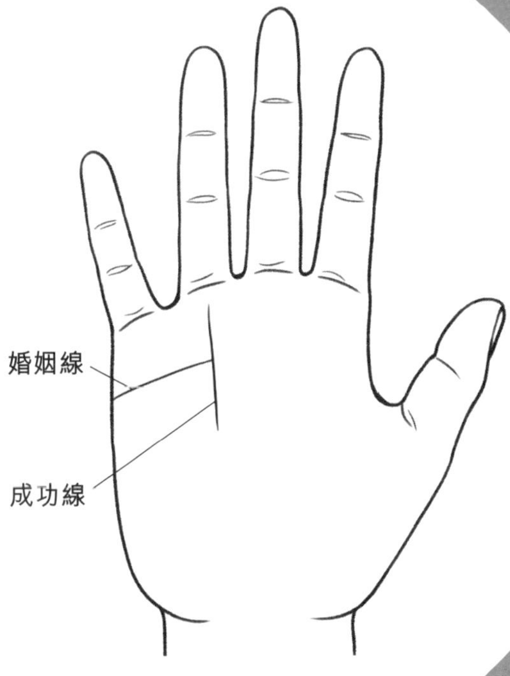

婚姻線有支線伸出，觸及成功線

婚姻線有支線伸出，觸及成功線，同樣代表會與一位富貴的對象結合，婚後得到名氣、地位與財富。

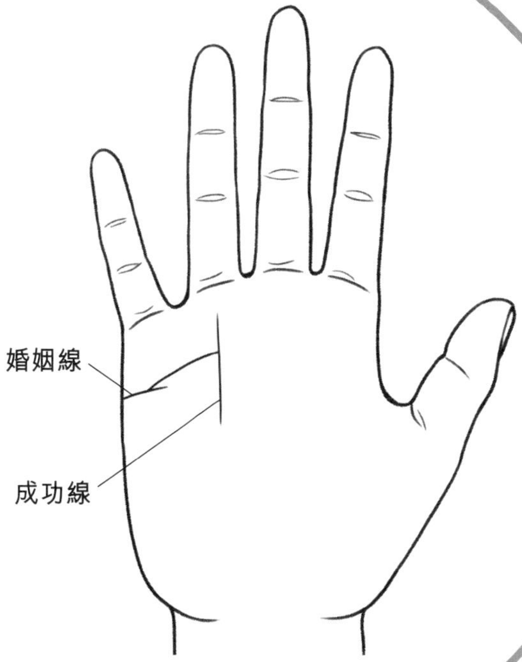

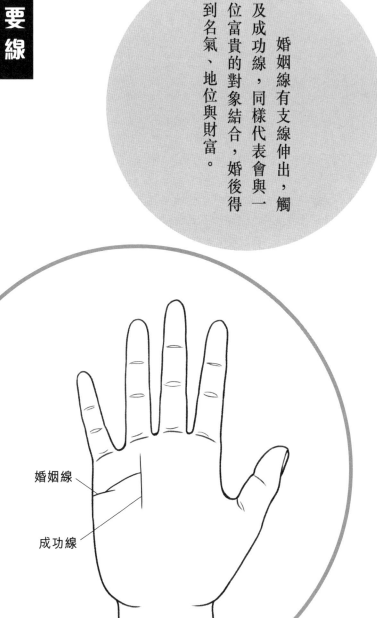

婚姻線長或有支線伸出，穿越成功線

婚姻線長或有支線伸出，穿越成功線，代表婚後會喪失一切地位。

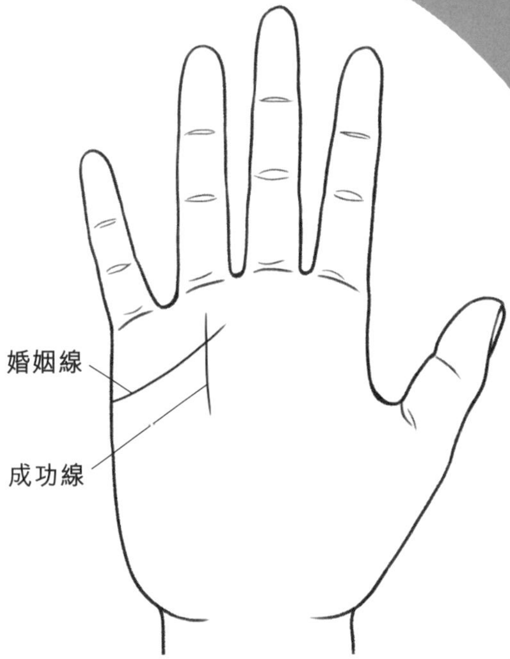

子女紋

婚姻線與子女紋的看法以男左女右為準，即男性以左手察看自己的婚姻狀況及子女之多少；女性以右手察看自己的婚姻狀況及子女之多少。

在感情線之起點，向上之紋為子紋，向下之紋為女紋。一般人常誤會在婚姻線上下之紋為子女線，說深則子女多，淺則子女少，其實婚姻線上下

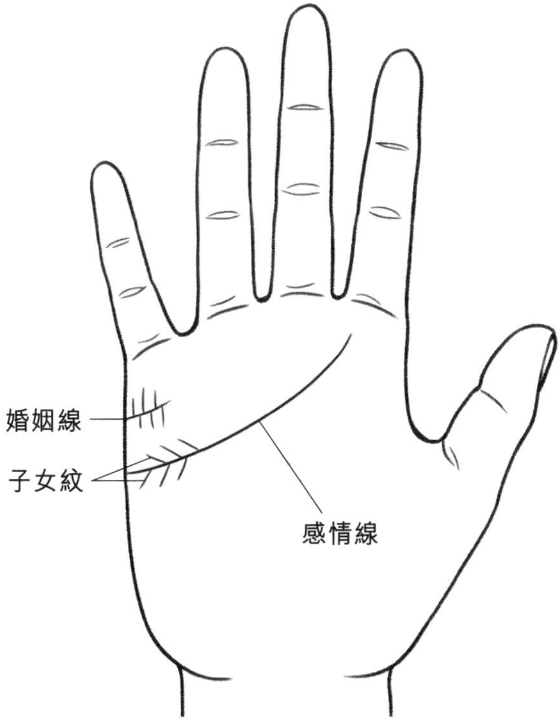

並不一定有紋存在，即使有的話，亦不容易察看，更謬誤向上為子紋，向下為女紋，雙線並行為孖胎等。

事實上，子女紋只是參看子女的多少而已，向上之紋多而且深代表多兒子，向下之紋深而且多則代表多女兒，淺者不生或出生後身體較差，成交叉狀（╳）的代表小產或終止懷孕。

子女紋多

向上為子紋，向下為女紋，如上下皆有紋而多，主子女皆多；至於線紋深刻，則代表子女強健。

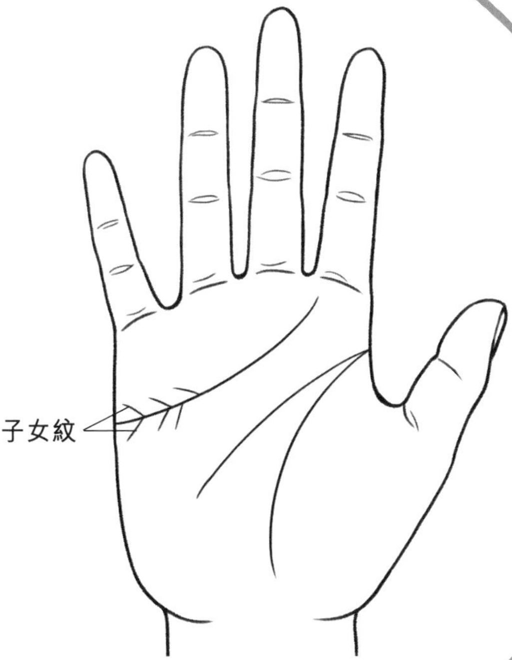

子女紋少

子女紋少，代表子女較少，但仍需察看另一半，如伴侶之子女紋多則將可補助。

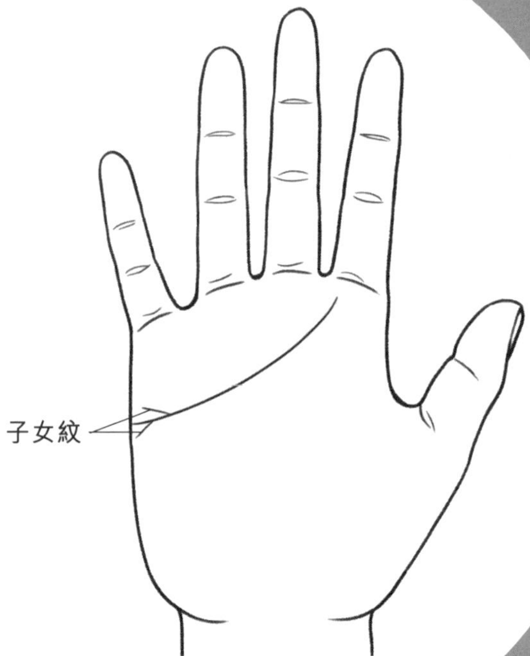

子女紋淺或短

子女紋淺或短，代表子女薄弱，即使懷孕亦不容易出生，故發現子女紋薄弱或淺者，懷孕之時要加倍小心。

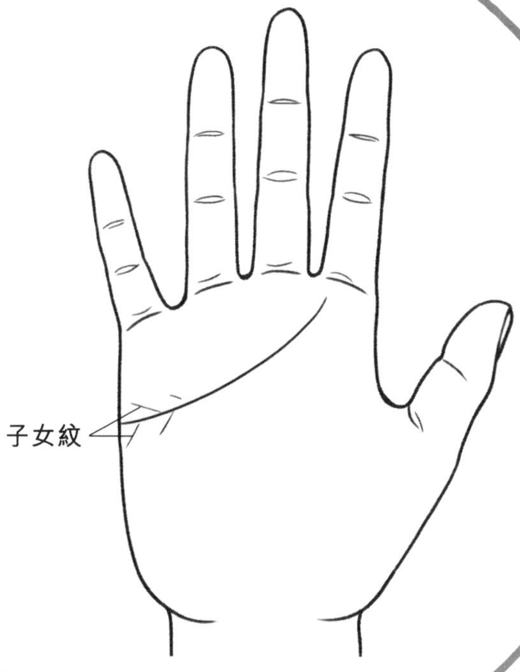

子女紋呈交叉狀

子女紋呈交叉狀，代表小產或終止懷孕，故發現子女紋如此，在懷孕之時便要加倍小心，且要有剖腹產子的心理準備。

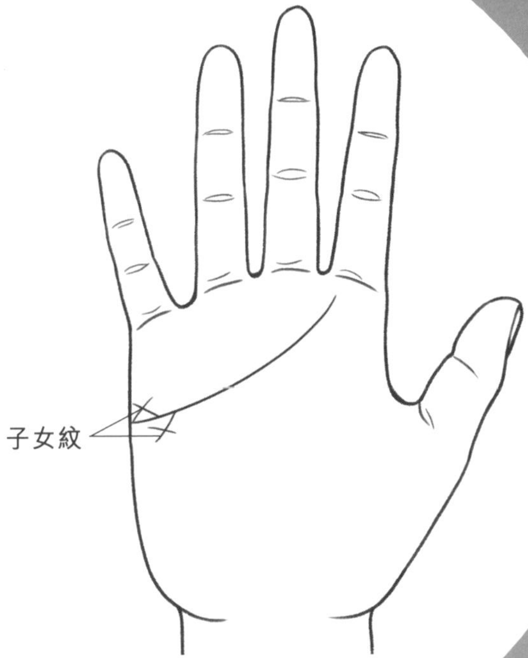

子女紋之排列

子女紋以靠近無名指以下開始計算，如先見一條深刻之子紋，代表第一胎是兒子的機會較大，如下圖類推為子、女、子。

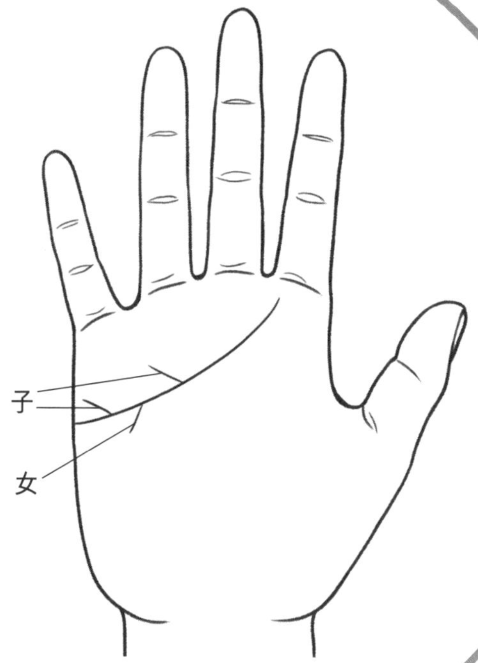

其他細線

金星帶

金星帶是位於心線與手指基部中間的橫向小線，又名「感情敏感線」，有此線的人感情、感覺較為敏銳，但一定要清而稍長才能發揮其作用，因淺、碎而混亂的話，其人反而容易自作多情，自招煩惱，亦容易終日疑神疑鬼，令雙方關係永無寧日。

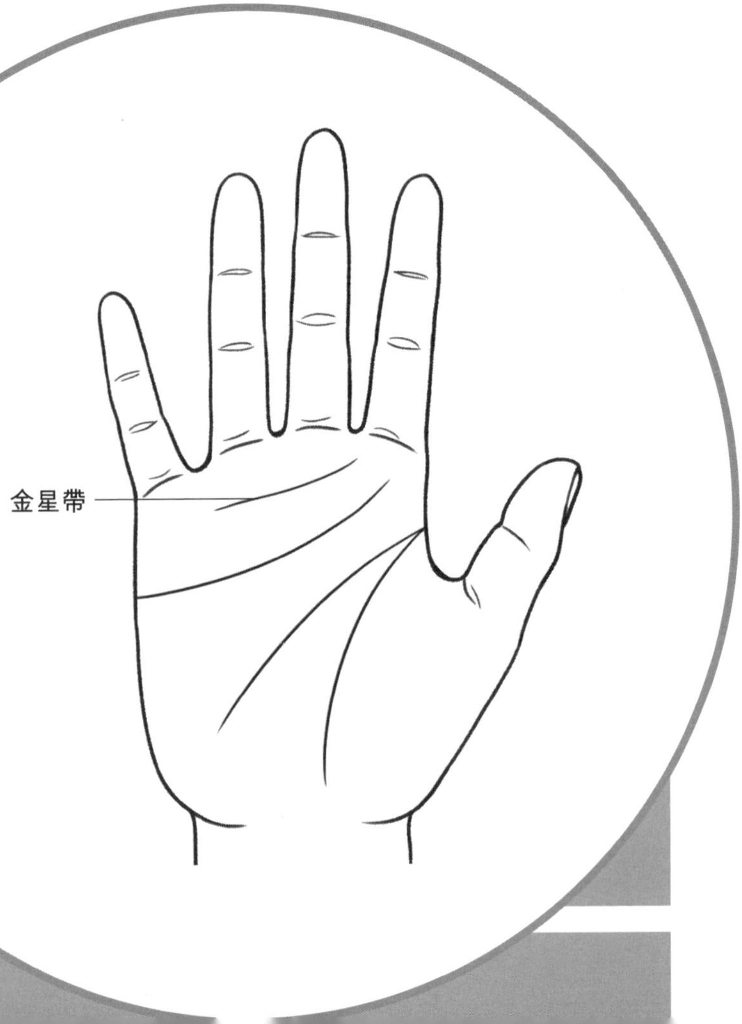

金星帶深長而清，沒有缺點

金星帶深長而清，沒有缺點，代表對感情敏感，容易反應，且審美力強，令異性難以抗拒。

金星帶為感情之第六靈感線，主其人很容易察覺到身邊是否有人對自己有意思，故很少會錯過桃花。但當他們感覺到有人喜歡自己，而自己對他/她無意的話，亦會加以婉拒，不會令人難堪，因有金星帶的人總是很容易感覺到別人的感受。

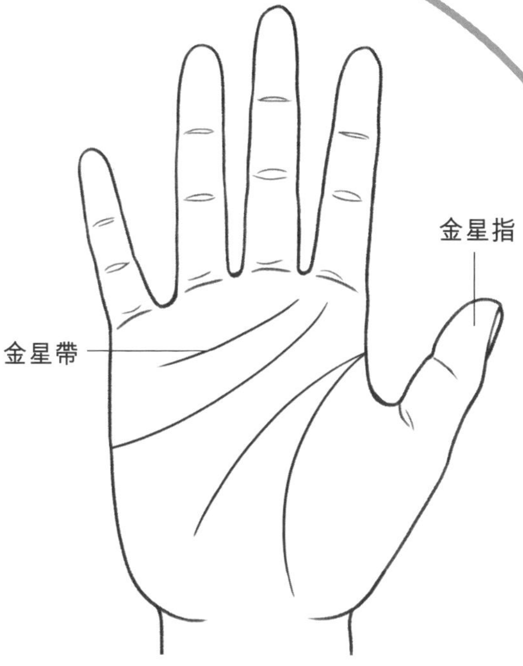

金星帶靠近手指基部

這是高位金星帶，主為人聰明，且受着太陽丘與土星丘的影響，對藝術與神秘學相當敏感。

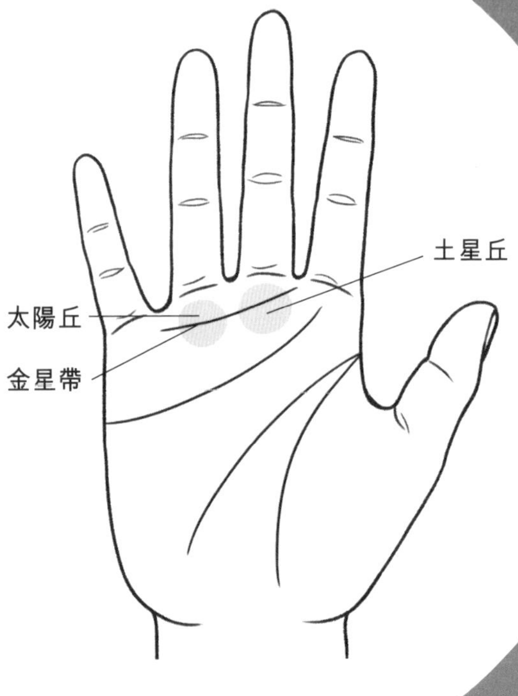

金星帶靠近感情線

這是低位金星帶，代表情慾敏感，慾念強盛，與藝術及神秘學並無關係。

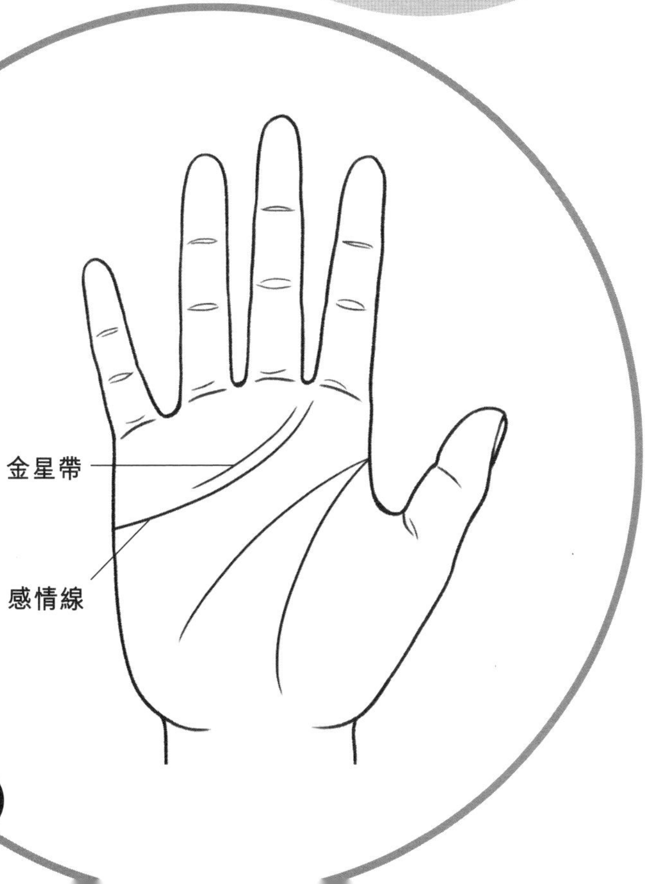

金星帶粗而深刻

金星帶粗而深刻，表示情慾泛濫，對情慾之誘惑不容易抗拒，喜速戰速決，較着重感觀與情慾所帶來的刺激。

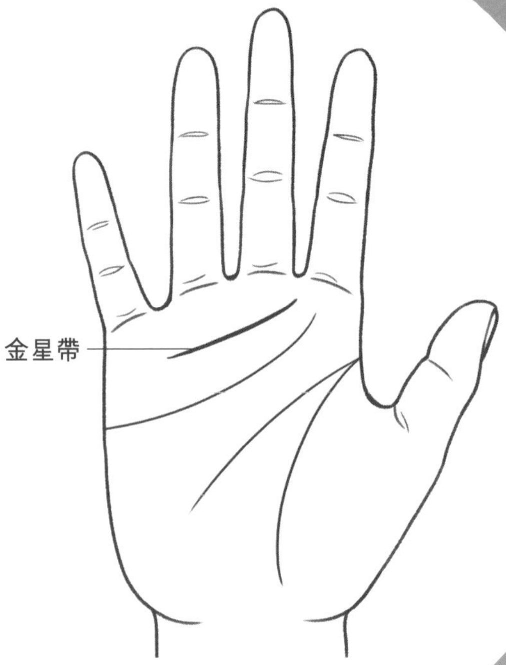

金星帶幼而淺

金星帶幼而淺，主愛好藝術，少愛色慾，喜歡羅曼蒂克的環境，亦喜慢慢調情。

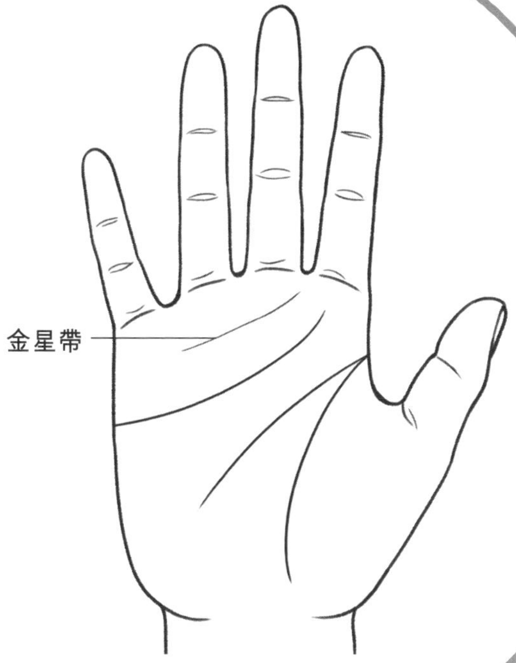

金星帶多而且深刻

這種深刻而短的金星帶，大多出現在男性手上，又以哲學型掌較多，且大多配上一隻較短的金星指。得此相者，理論多多，不切實際，且對感情反應過敏，常覺得身邊有很多女性對他有意思，但這其實只是他一廂情願的想法；相反，這種人一生桃花不重，身邊常常缺乏女伴，但又因常有色情幻想，故特別容易迷上用錢去買的色慾。拇指長大者尚可控制，拇指弱小的話，則這情況會更為嚴重。

又左手代表三十歲前，右手代表三十五歲以後。

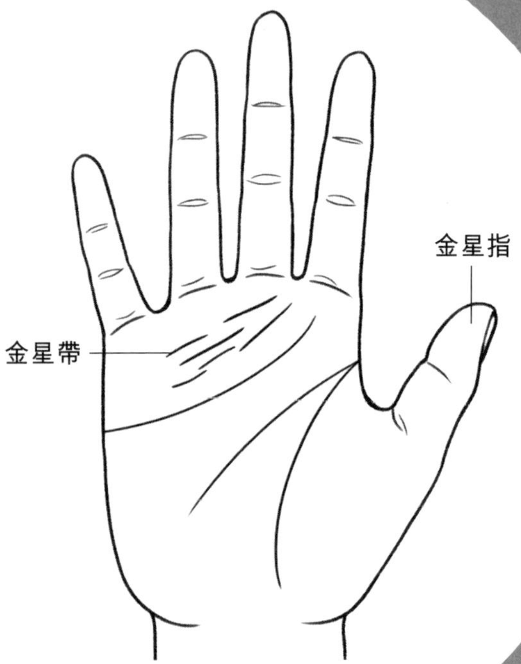

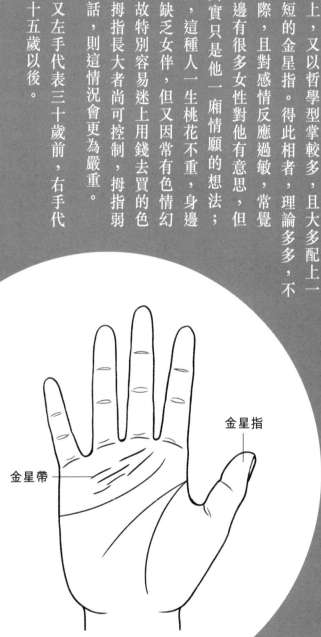

金星帶多但淺而不清

這些淺而不清，又較為混亂的金星帶，常常在女性手中出現，代表這位女士常會懷疑丈夫或男朋友有外遇，遇上找不到對方之時，便會幻想他跟別的女性幽會，且把幽會的場面與情節都幻想得很清晰，然後放在心內，到忍無可忍的時候便大發雷霆，甚至吵至感情無法彌補，最終分手收場。所以，各位女士如看見掌中有這樣混亂的金星帶，就要提醒自己，有懷疑之時，不要把事情藏在心裏，說出來總好過在無法承受之時大發雷霆，導致感情破裂，無法修補。

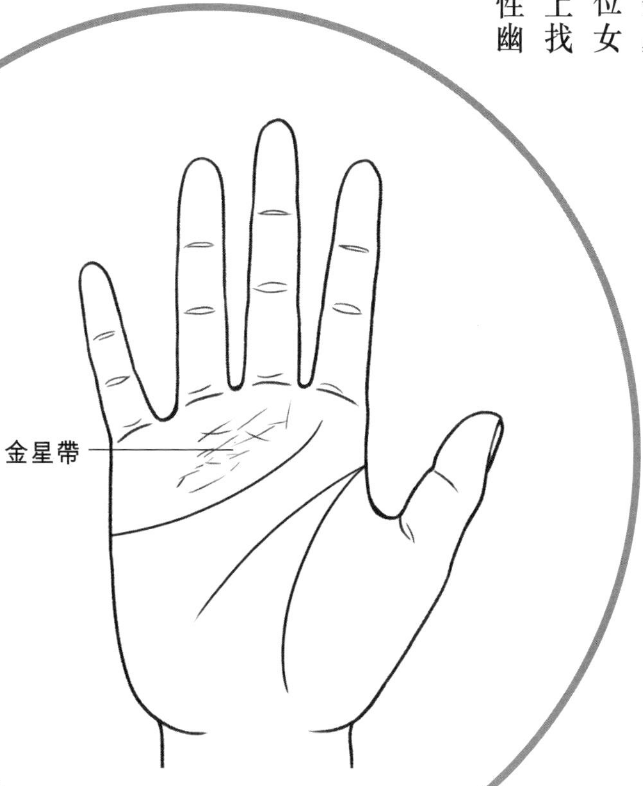

金星帶長至水星丘

金星帶長，長度達至水星丘者，很多人會誤認為是感情線，尤其當感情線較短或下垂於腦線起點時，就更加容易誤認這條是感情線。

這種特長的金星帶，主其人對男女之事極為敏感，即使是很常見的異性好友，只要稍為接近他／她一點，亦會引起他們的敏感反應。

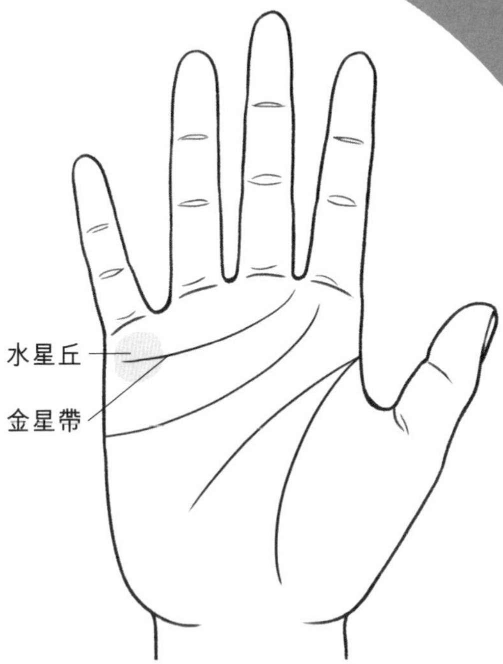

金星帶數條重疊

金星帶數條重疊，代表感情之第六靈感不太準確。雖然如此，但因有金星帶，所以只要別人稍為暗示，也是能感覺到的，容易對別人所展現的好感產生反應。

不過，由於其人金星帶較多，故對於情慾之誘惑不容易抗拒。

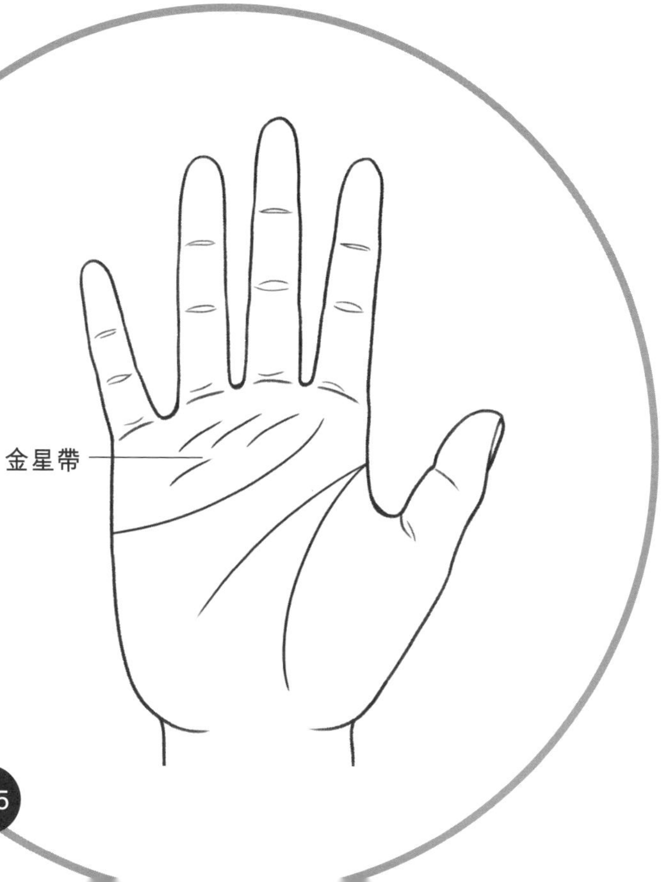

金星帶呈片段狀，由三至四條組成

金星帶呈片段狀，與金星帶重疊有相似之處，都是代表感情方面的靈感時有時無，時準時不準，但總比完全沒有金星帶好。另外，此亦主其人在性愛方面，會有不道德的行為。

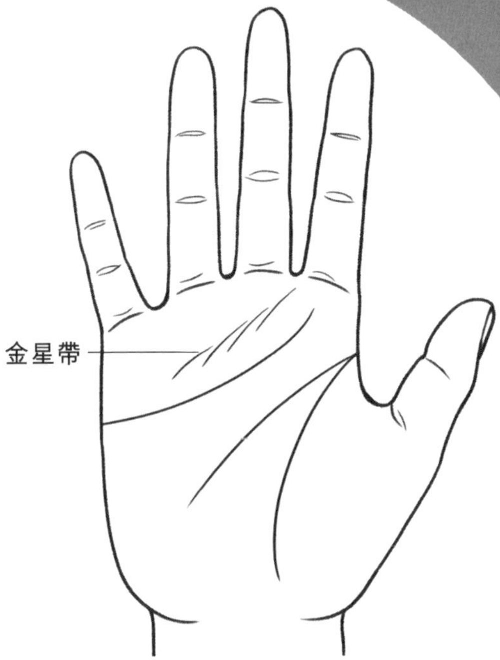

金星帶並無顯現

金星帶並無顯現，代表其人對情感的反應遲鈍，容易錯過感情，即使身邊有人明示、暗示，她也察覺不到，常常以為人家要事先準備一束花或戲票約她外出，才是追求她。結果，當身邊一眾暗示者看見她沒有回應，就以為她對自己無意而不敢再有進一步行動，致使其人常常覺得自己沒有人追求，一生桃花不臨。

這情況較常出現在女性手上，故各位女士如發現手上並無金星帶，便要開始多留意身邊的人了，否則常常錯過桃花而不自知。又方形掌人無金星帶的話，以上情況會更為嚴重。

金星帶重重疊疊

這種人情慾混亂，滿腦子性幻想，可謂已經到了泛濫的程度，如果加上各手指彎曲，軟弱無力，就更容易成為色情狂。

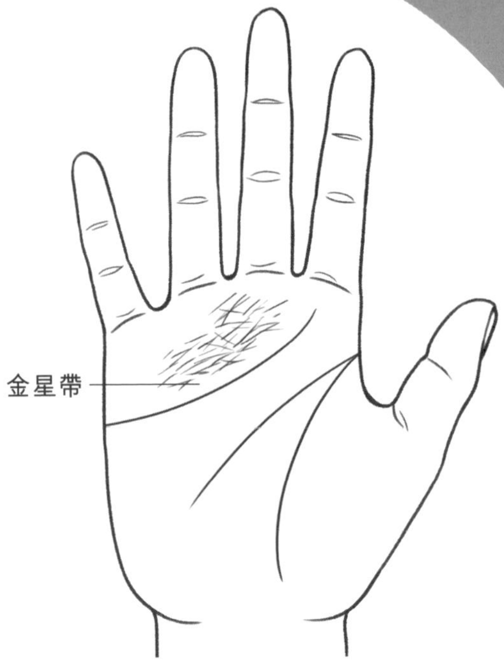

金星帶重重疊疊，且當中有十字紋存在

金星帶重重疊疊，且當中有十字紋存在者，主情慾泛濫，常常濫交，導致染上嚴重性病。

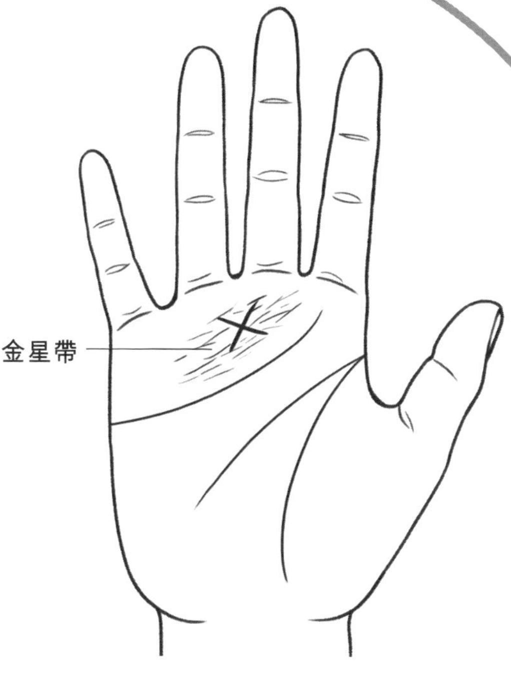

金星帶重重疊疊，且當中有星紋存在

金星帶重重疊疊，且當中有星紋，主有濫交行為，且會進行不小心的性行為，導致染上嚴重性病，難於根治。

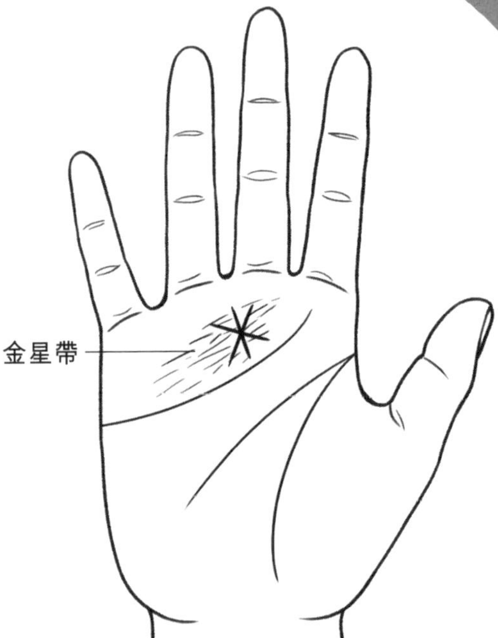

金星帶當中有島紋存在

金星帶當中有島紋，表示情感容易出現混亂，每每因不能自制而不顧一切，感情難以得到良好的結果。

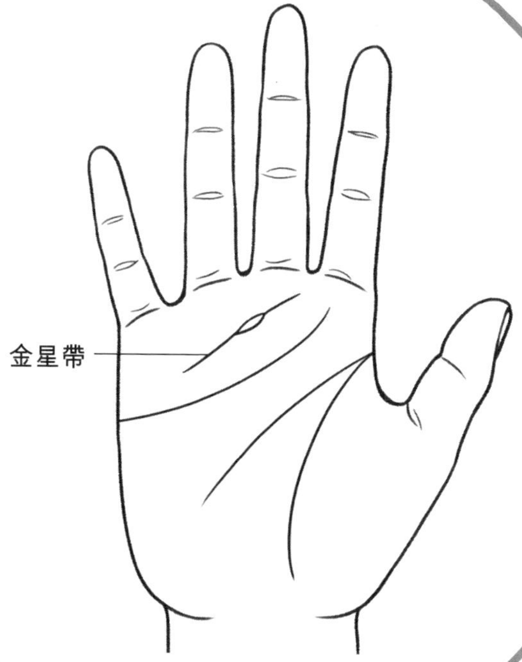

金星帶給很多細紋穿過

金星帶給很多細紋穿過，主有歇斯底里的傾向，面對感情之時情緒不定，色慾心重，時常缺乏自制能力，常因小事而大吵大鬧，把已經決定的一切推翻，不是一個容易相處的人。

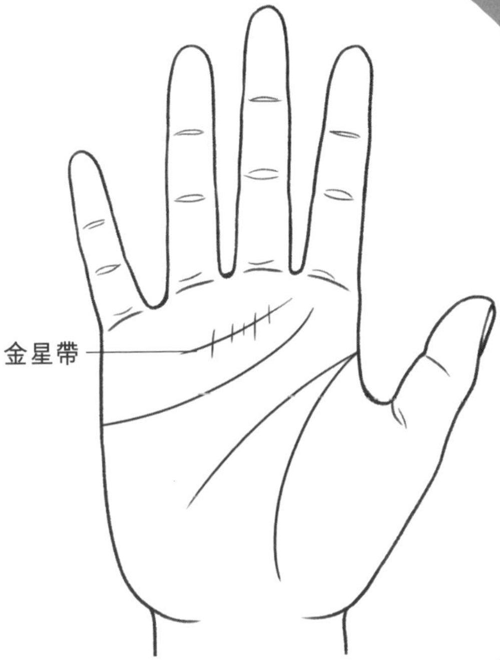

金星帶在太陽丘下給一條清楚而明顯的短線穿過，而短線不是成功線

得此金星帶者，會因不能抵抗性慾的誘惑而與異性發生不尋常的關係，致令金錢與名譽受損，最後招致失敗收場。

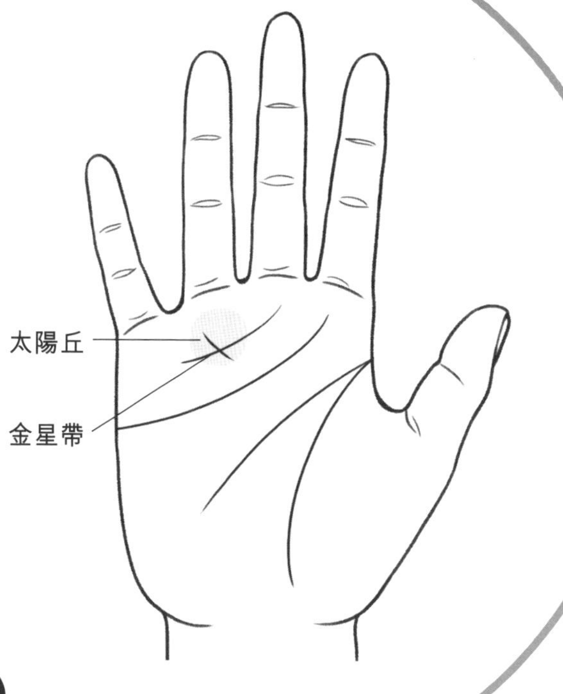

金星帶重疊，且橫過事業線與成功線

金星帶重疊，且橫過事業線與成功線，主其人會因桃色事件而令事業上已得之成果遭受破壞。

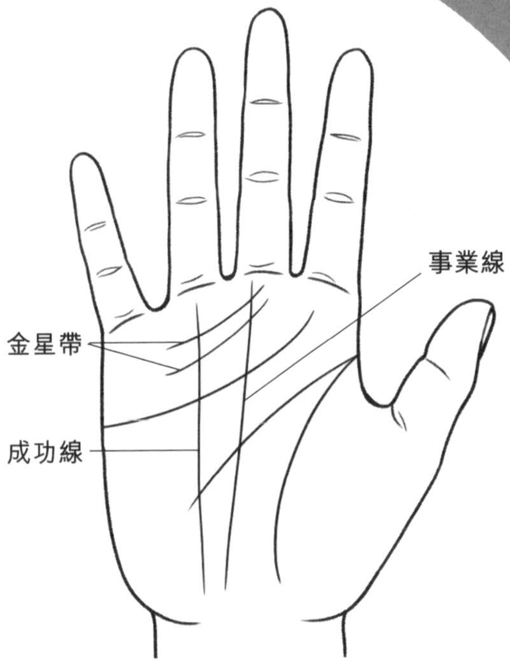

金星帶很長，穿過婚姻線

金星帶很長，且穿過婚姻線的話，代表其人有嚴重的神經敏感，尤以在感情情慾方面為甚。另外，此亦代表其人極端自我中心、自私，與這種人結合將要承受很大的痛苦。

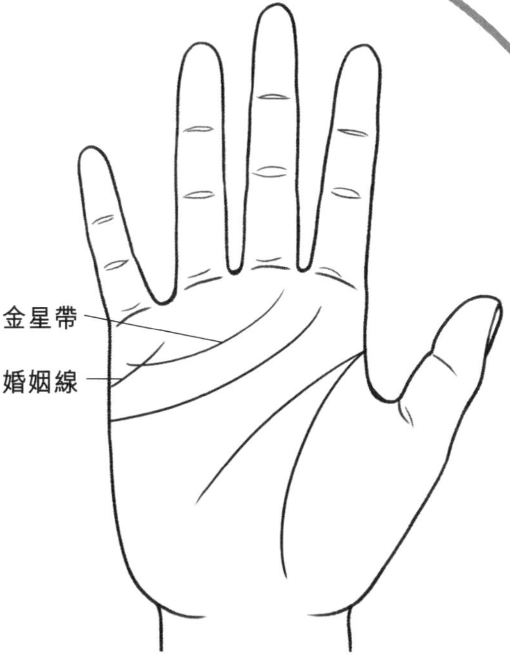

金星帶在土星丘下明顯折斷

土星丘為犯罪之丘，如果金星帶在土星丘下折斷，則其人可能做出犯罪行為，而事件將由色情、情慾所致。

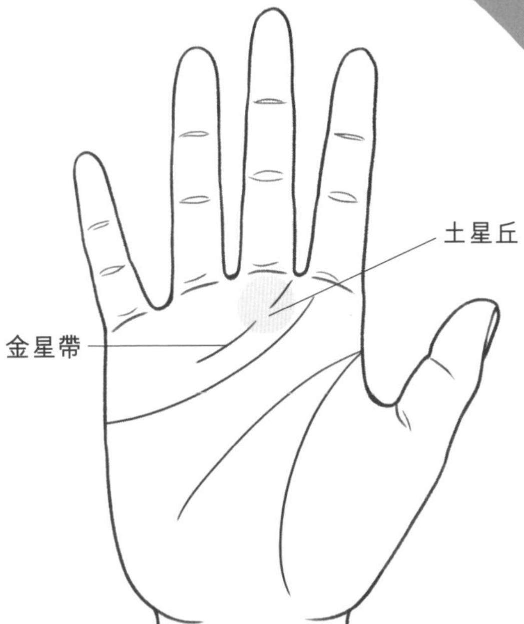

金星帶起自木星指與土星指之指罅，長度短於二厘米

這是學習金星帶，如在太陽指與水星指間同時顯現，就尤為準確。

此線代表其人愛好學習，不管甚麼東西，不管有用的或沒有用的，都會去學。如果出現在先天手，就代表三十歲以前有這種性格，在後天手則代表三十五歲以後。

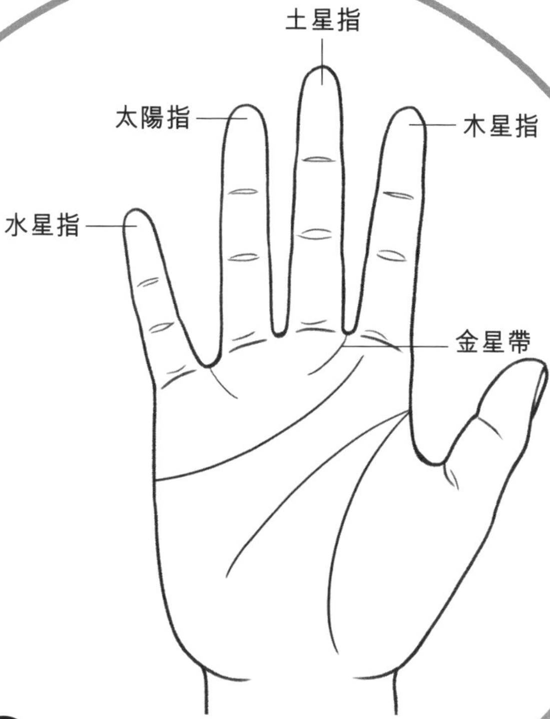

火星線

火星線又名「姊妹線」或「生命輔助線」，是位於金星丘內，與生命線平行而下、距離貼近之線。得此線者，代表生命會出現危難，但最終能逢凶化吉。

如出現在先天手，代表三十歲前會遇到生命危險；如在後天手，則代表三十五歲後才會遇到上述所指的危難。

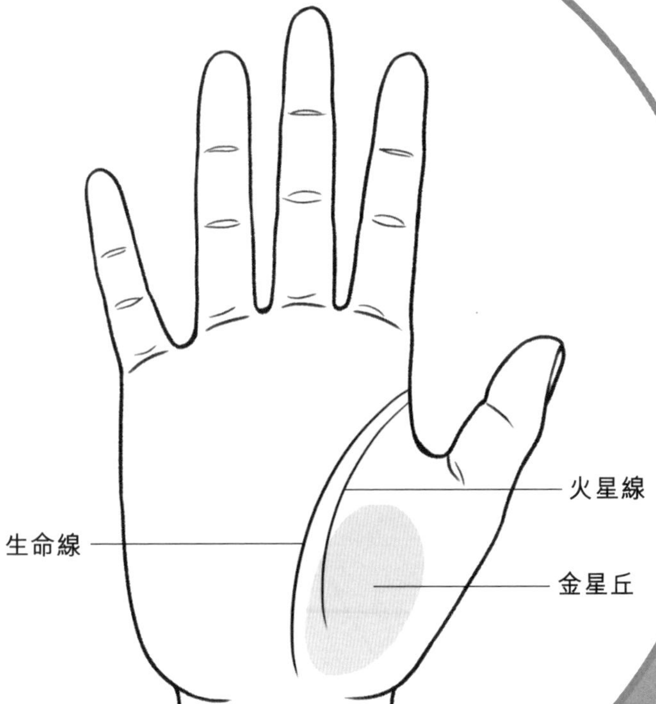

火星線長度在兩英寸以上

這是生命輔助線，代表生命會遇到危險，但都能化險為夷，幸運逃過或避過危難。

例如撞車，整台車撞毀了，但人卻沒有嚴重受傷，還可以自行走出車外；又如高空擲物，因剛走前一步，物件落在身後而沒有擲中自己。

如在先天手出現，代表三十歲以前；如在後天手出現，就代表三十五歲以後才會遇上危難。

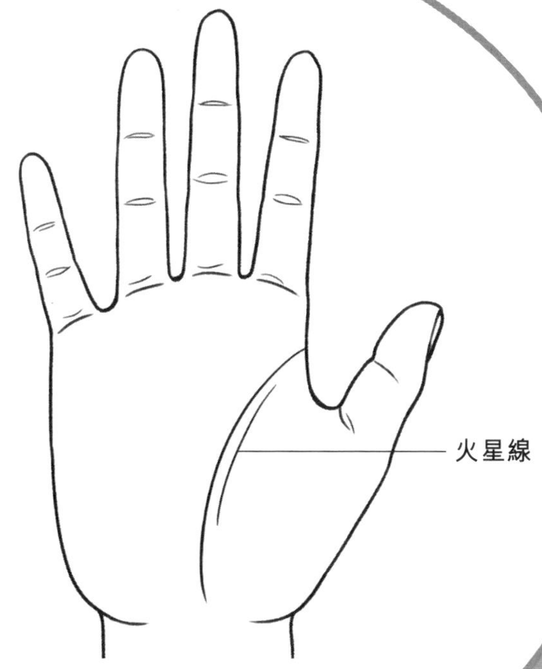

火星線起自生命線起點旁邊，但長度不到二厘米

此線名為「癡情線」，與生命輔助線有所不同，亦與生命危險無關，反而與感情事件有關，代表其人永遠不能忘記自己的初戀情人，即使日後再遇無數感情，他／她都總會覺得他／她們不夠自己的初戀情人好，故稱之為「癡情線」。但在我看來，過去的經已過去，多想無益，筆者覺得有這種線的人要是一生都拋不掉感情的舊包袱，感情便難得到滿足。

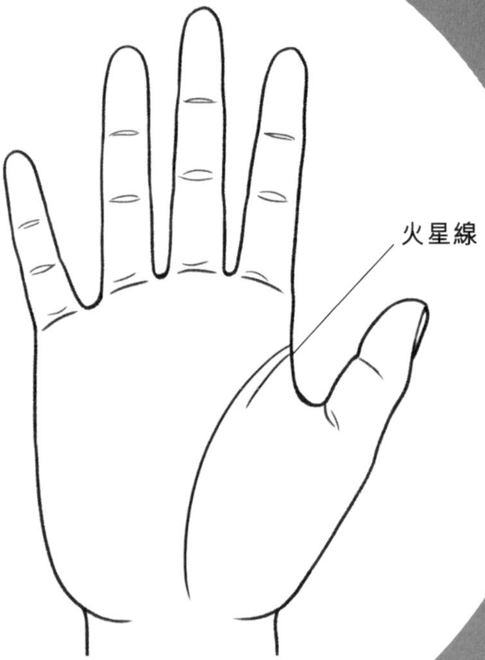

火星線起自生命線旁，與生命線平行而下，但長度僅及一厘米

此線與癡情線很相似，只是長度更短，可能短於一厘米，代表小時候有一段時間不是跟父母同住，可能跟傭人或公公、婆婆同住。

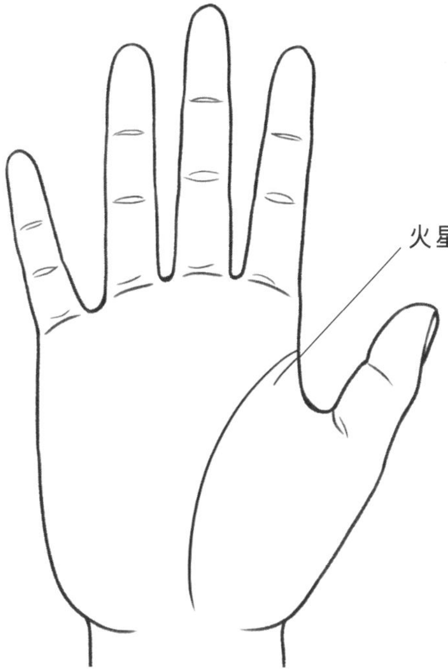

火星線距離生命線較遠，有時可能出現二、三條之多

這叫「親屬影響線」，與生命危險無關，在左手出現代表受男性的家屬影響，在右手出現則代表受女性的家屬影響。

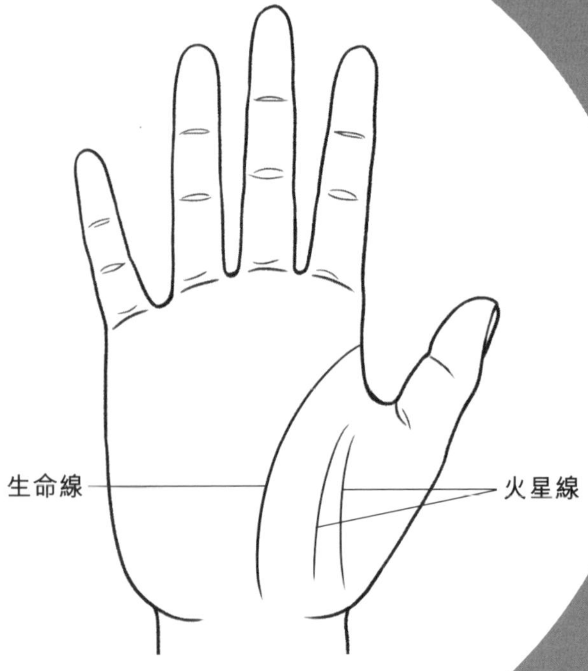

旅遊線

旅遊線，位於太陰丘掌邊位置。

由於太陰丘為變動之丘，故在此位置的紋愈多，個性便愈喜歡變動、愈難安定，而外出旅遊是最簡單的改變方法，故在此部位出現之線名為「旅遊線」。

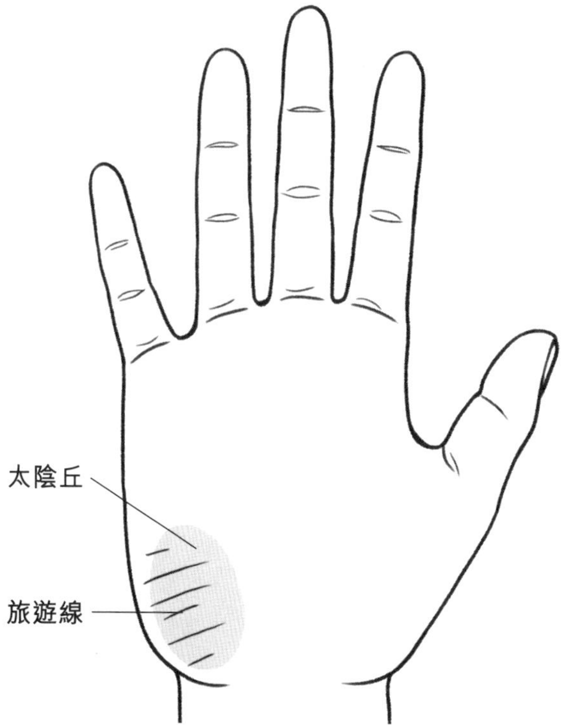

旅遊線深長而多

旅遊線愈深愈多，則其人愈喜愛轉換環境，愈喜歡旅遊，又長則代表去很遠的地方及待很久的時間都不會有問題，不會有想家的感覺。

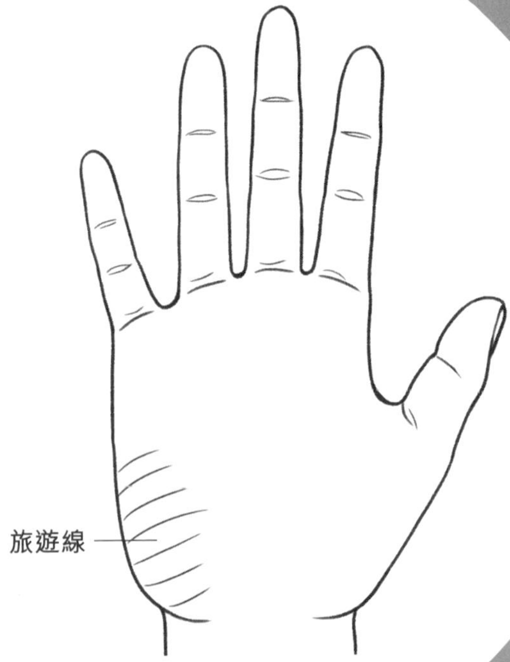

旅遊線淺短而多

旅遊線淺短而多，代表其人很喜歡旅遊，但都只可以是短暫性質，三數天剛好，一個星期最多，如多至兩星期，他們便會開始有思鄉病，經常想着回家，即使身在外地亦提不起遊玩興致，還是早一點回家較適合他／她。

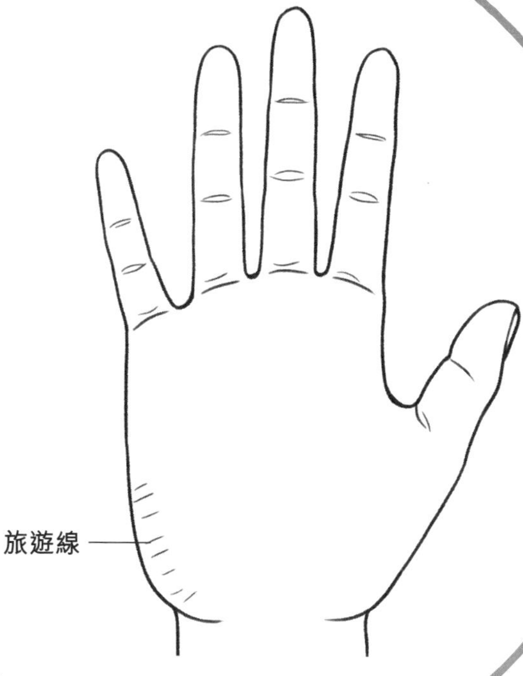

旅遊線多，長短不一且頗為混亂

旅遊線多，長短不一且頗為混亂的話，代表其人無時無刻都想到外地旅遊，往往剛自上一個旅程回來，馬上便會想着接下來去哪一個地方旅遊，甚至馬上着手安排。

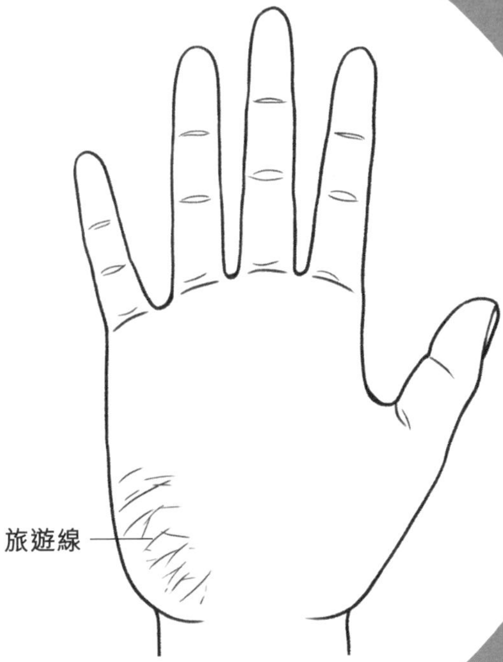

旅遊線少但很長

旅遊線少但很長，代表其人不是很熱衷去旅行，旅遊對他／她來說可有可無。話雖如此，這類人能夠到很遠的地方及停留很長的時間也不會想家。

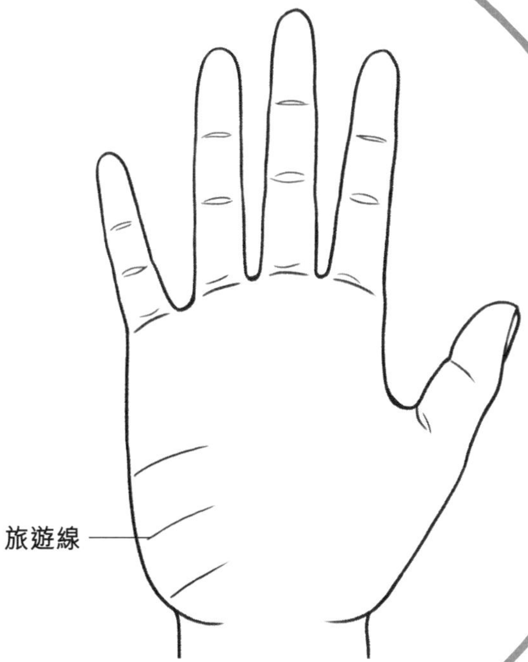

旅遊線又少又短

旅遊線又少又短，代表其人不太熱衷旅遊，即使旅遊亦不喜歡去很遠的地方及很長的時間，一星期以內的短期旅遊就最為合適。

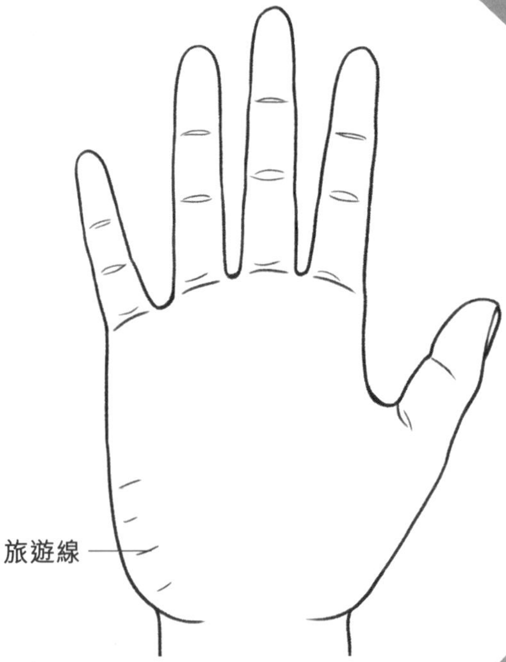

旅遊線並無顯現

旅遊線並無顯現，代表其人不喜歡旅遊，一生只喜歡在熟悉的地方生活，以便能夠掌握一切，且不單止不熱衷旅遊，就連搬家亦不喜歡，即使迫不得已要搬家，也最好搬到家的附近。

所以，這種人最不適合擔任外勤工作，而要前往外地的工作就更不適合，因出差對他／她來說是一件很痛苦的事。

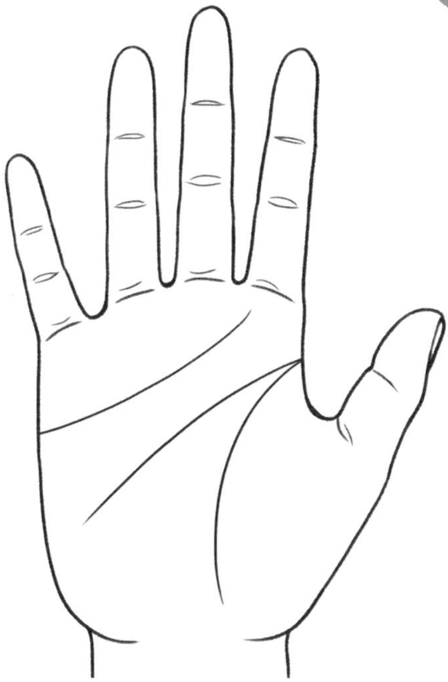

移民線

移民線是從生命線分出，走向太陰丘的線，而太陰丘代表不安定、變動，故生命線有支線伸向太陰丘，代表其人的人生會出現極大變動，而大變動莫過於移民，將整個人生徹底改變。

先天手有移民線，代表三十歲前有移民外地的機會；在後天手則代表三十歲後有移民外地的機會。如先後天手同樣出現移民線，就代表一生常有移民機會。

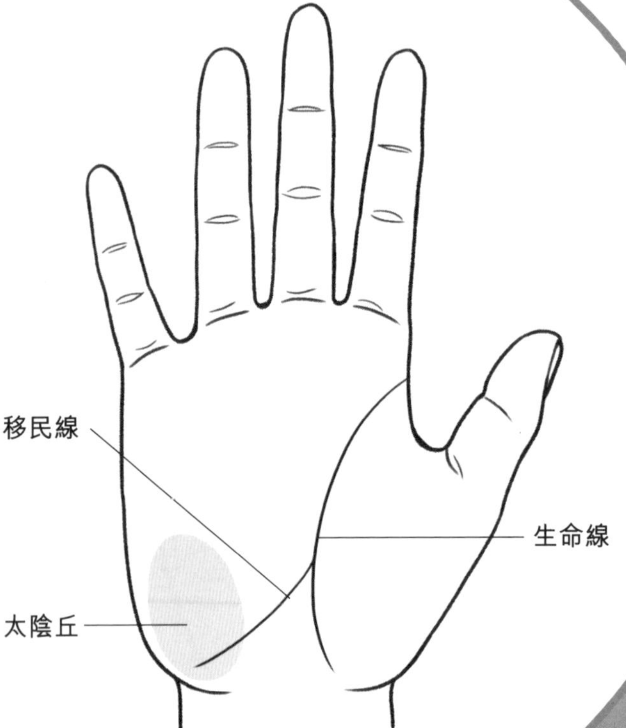

異鄉終老移民線

異鄉終老移民線深長而清，尾部走向太陰丘。

有這樣明顯的移民線，差不多代表一定會移民。如此線出現在後天常用的手，甚至代表移民以後會在異鄉終老。

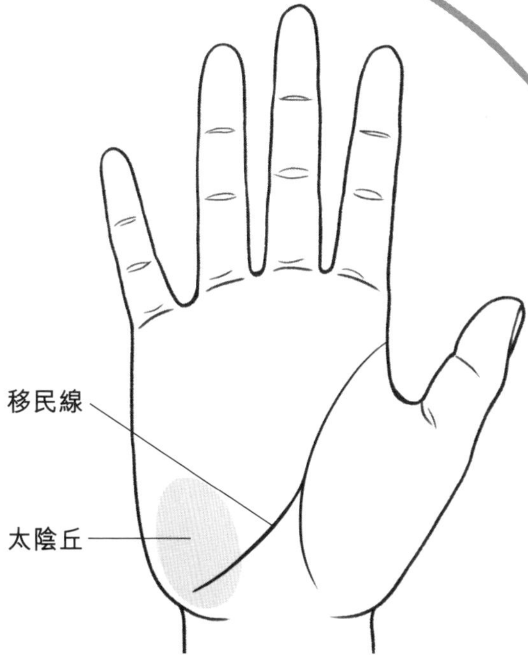

早年移居外地移民線

移民線起在生命線前端，代表其人早年已經移居外地。

移民線起在生命線前端者，很早便移民外地，如果在先天手出現，可能十多歲以前已經移居外地；如果在後天手的話，則可能在四十五歲以前已經移民他鄉。

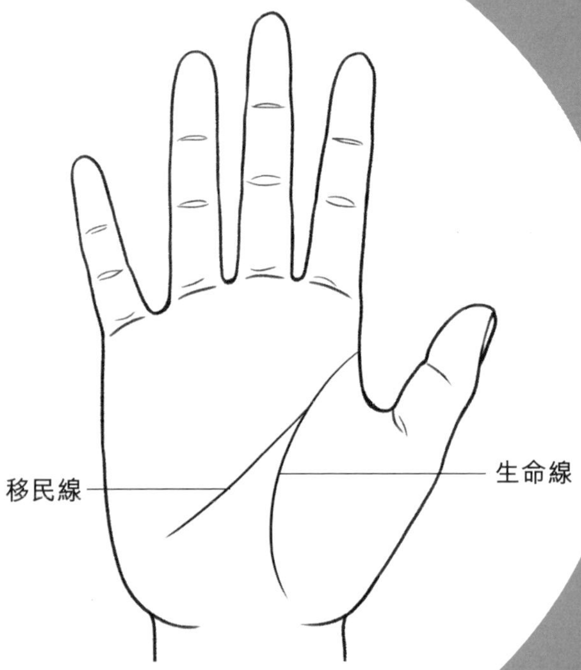

晚年才選擇移居外地線

移民線生於生命線基部較低位置，代表其人可能接近六十歲才移居他處，極可能是年老以後選擇在外地過寧靜的生活，或老來子女都在外地，而最終選擇移居他鄉與子女共同生活。

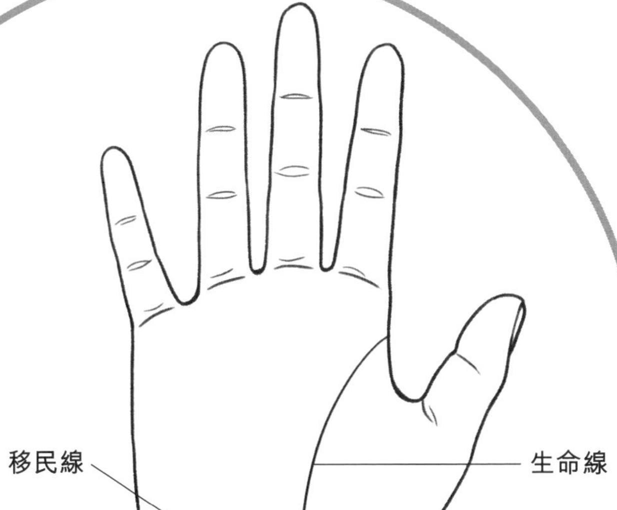

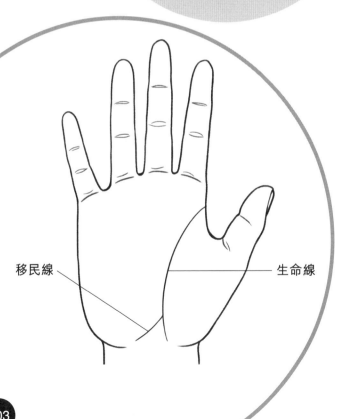

故鄉終老移民線

故鄉終老移民線，即移民線線尾彎回生命線。

得此線者，早年移居外地，可能為生計，可能為子女，但年老以後不用再為生計與子女擔心，而自己其實又不很喜歡在外地居住，因而最終選擇回故鄉定居。

至於此線如出現在先天手，亦可代表其人少年時期到外地求學，學成後返回故鄉發展。

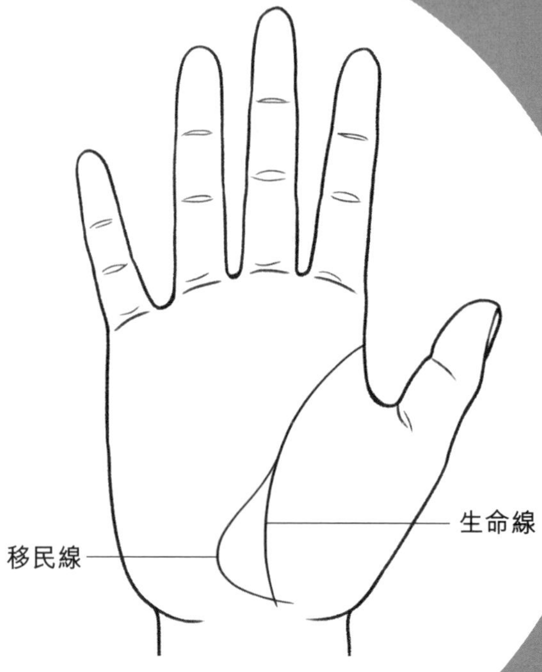

一生常到外地生活之移民線

移民線短但有多條者，與生命線下面之影響線有相似之處，但這些外地居住線會長得較長，差不多有一厘米。與之相比，生命線之影響線會長得較短，大概在半厘米左右。

此線之所以稱為「外地居住線」，是因得此線者，無論留學也好，工作也好，一生常常有在外地居住的機會，而且線紋愈多，離鄉的次數就愈頻密，而時間方面則短可數月，長可數年。

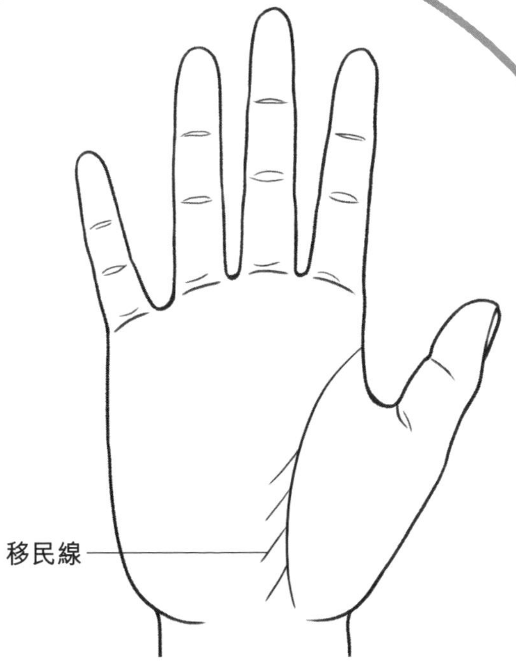

有移民機會而不走，或已遷回家鄉的移民線

此即移民線淺而不清。

得此線者，有兩個可能——第一個是他／她可能有移民機會，甚至舉家已經移民，但自己選擇留在故鄉，以致移民線慢慢消失。

第二個可能是其人經已移居他處，但最終選擇返回故鄉；或在外國求學，學成歸來，這樣的話，手上的移民線亦會轉淡。

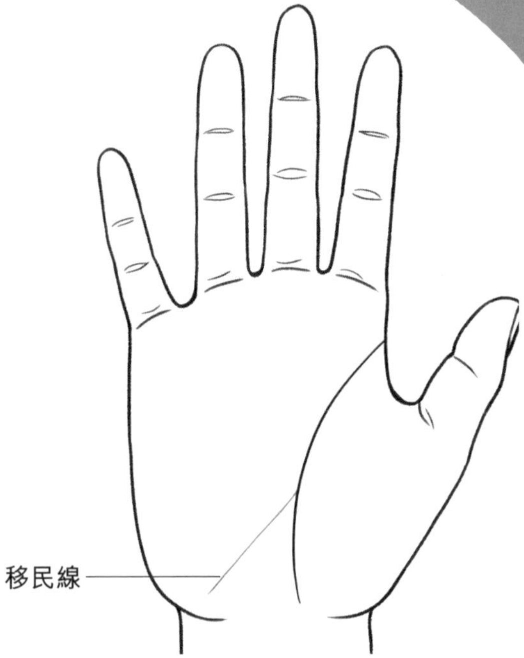

移民線當中出現島紋

移民線當中出現島紋，代表在旅行或移民途中容易遇到水險或其他損傷。

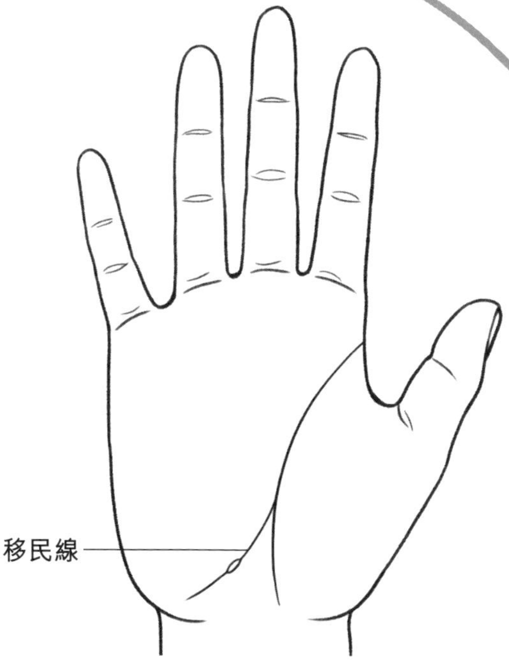

移民線當中發現十字紋

移民線當中發現十字紋，代表在旅行或移民期間遇上災難、危險、意外，且會危及生命。

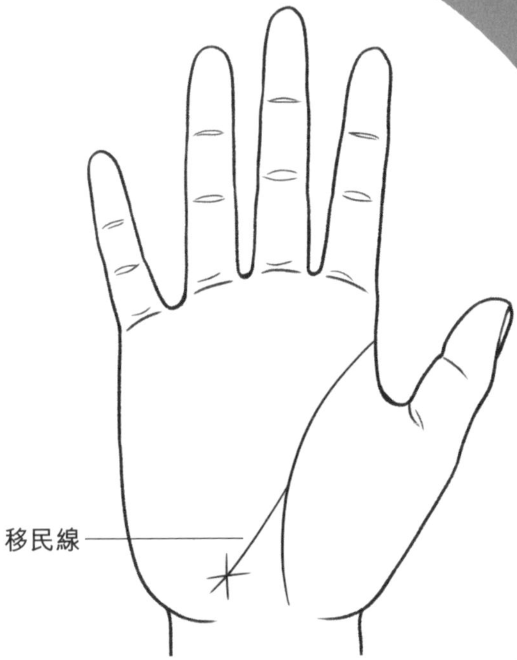

沒有移民線

沒有移民線不一定代表不會移民，只是移民後怎樣都無法適應外地的生活，最終選擇返回故鄉定居的機會較大。

因此，各位讀者如看到手上沒有移民線的話，還是不要考慮到外地生活好了，免得浪費時間、金錢，到最後又要遷回故鄉居住。

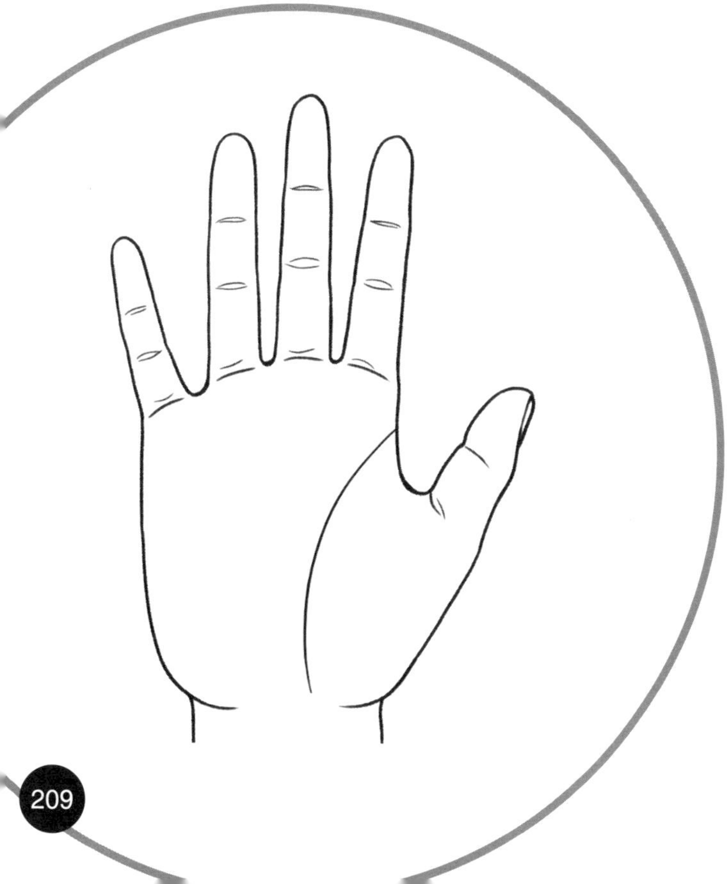

上升線

一切在掌紋中向上的線都可以稱為「上升線」，又上升線有生命線的上升線、感情線的上升線、頭腦線的上升線，甚至成功線、事業線、水星線的上升線。事實上，上升線不管只有一條或有數條之多，同樣能夠對原來的線產生正面作用。

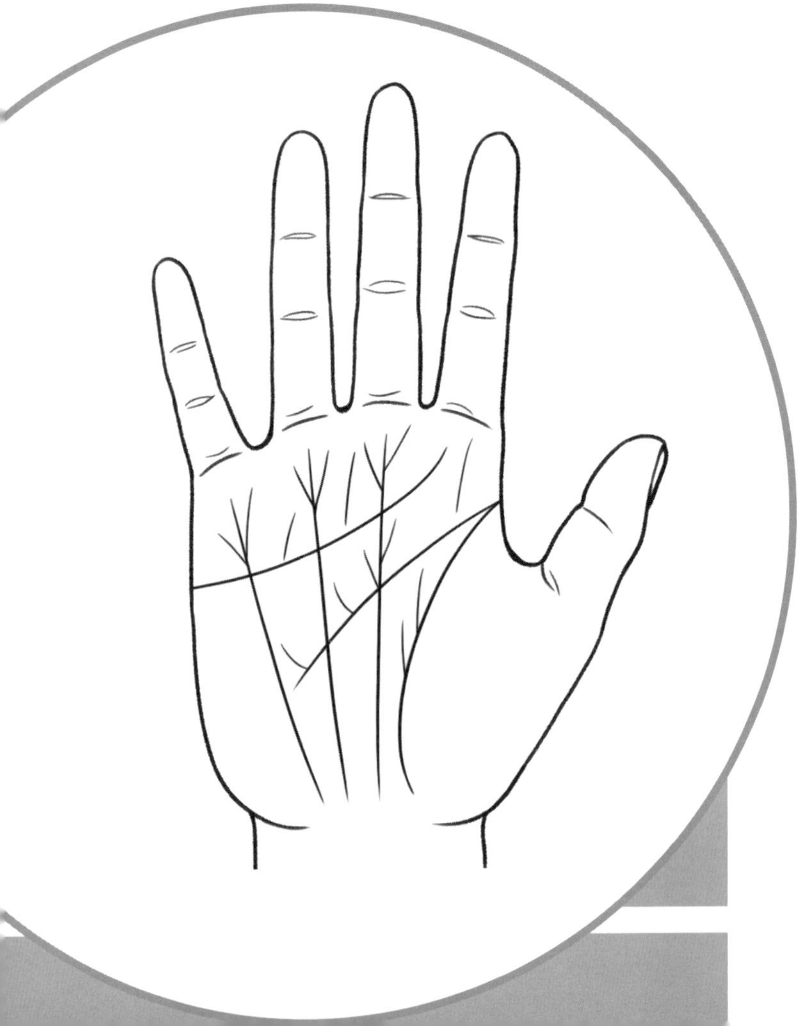

木星丘上的上升線

不論從生命線起或自腦線起，都同樣為木星丘上的上升線，又此線亦稱為「奮鬥線」，認為有此線即代表事業能夠成功。不過，這其實是個很大的錯誤，因在筆者從事命相生涯的三十多年間，有上升線的人不知幾許，尤其是在發達城市，每兩、三個人就有一個人的木星丘上有上升線，但怎可能每兩、三個人便有一個人成功呢？故此，木星丘上的上升線只能代表其人好勝心強，做任何事都想比別人優勝，但想與事實必然有所出入，故有此線只可判斷其人有上進心，不能代表事業一定有成就。

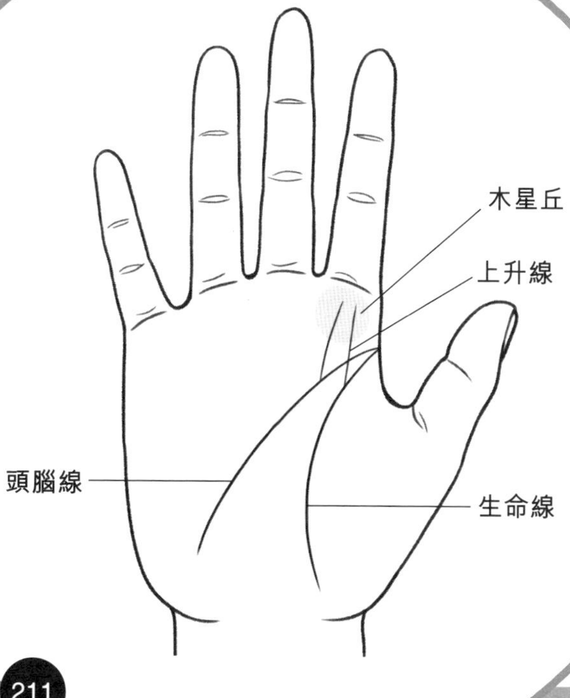

生命線上的上升線

生命線有一條或多條向上的線，稱之為「生命線的上升線」，能對身體生起正面作用。事實上，即使生命線長得較淺或模糊不清，但只要得到上升線之幫助，體質亦能回復正常。

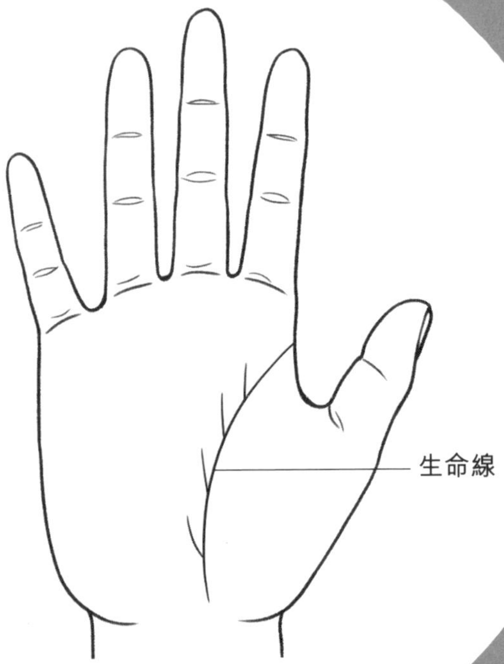

頭腦線上的上升線

頭腦線上的上升線能增強思考能力，即使頭腦線長得較差，上升線亦能生起正面作用，令思考能夠正常發揮。

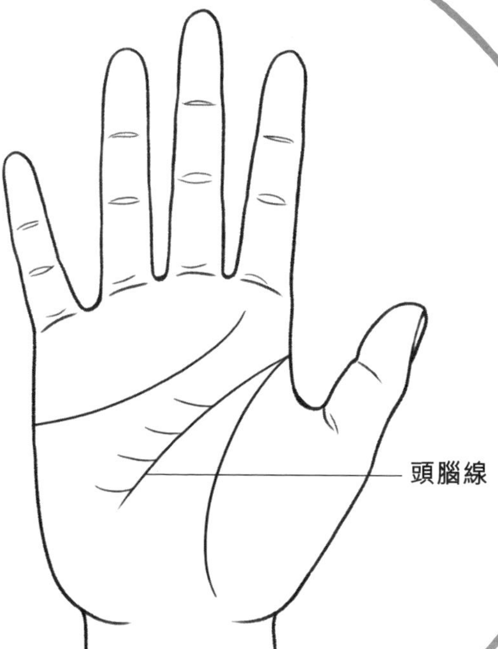

感情線上的上升線

感情線上的上升線會對感情有正面作用，且不單是男女感情，就連對於朋友間的友誼亦同樣有幫助。得此上升線者，就算本身感情線稍亂或較淺，也會因上升線的幫助而被視為一條正常的感情線。

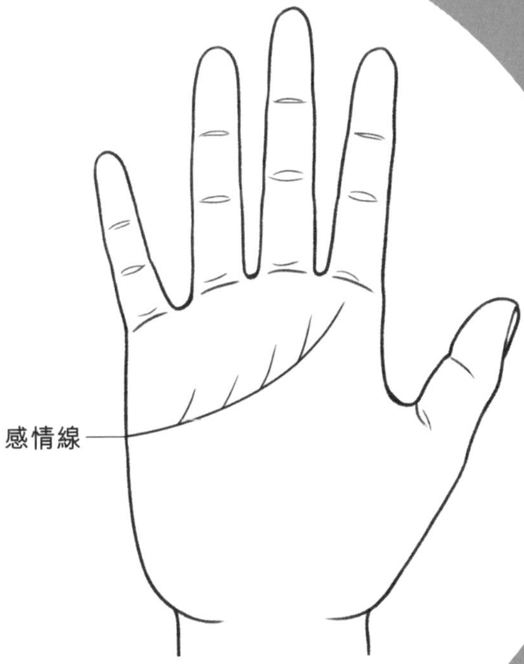

命運線上的上升線

命運線上的上升線對命運線（事業線）起着正面作用，又上升線不一定有數條之多，可能只有一條，而上升線與命運線之交接點，就是事業得到成就的年份。

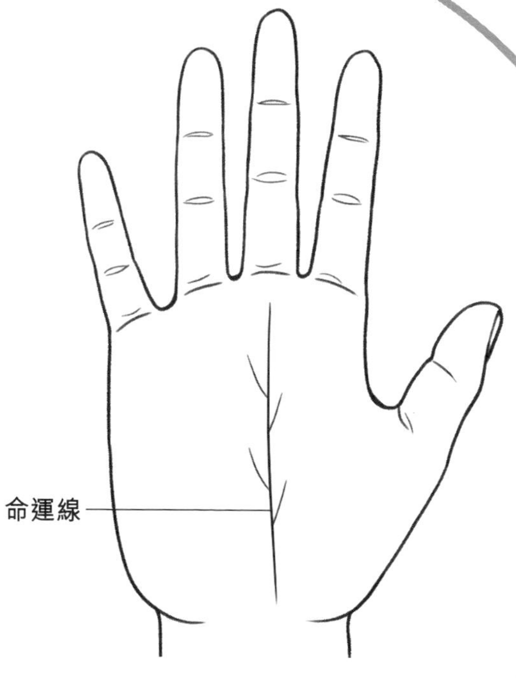

成功線上的上升線

有成功線已經代表會在事業領域上得到認同，如果再加上上升線，則事業成就會更為理想。

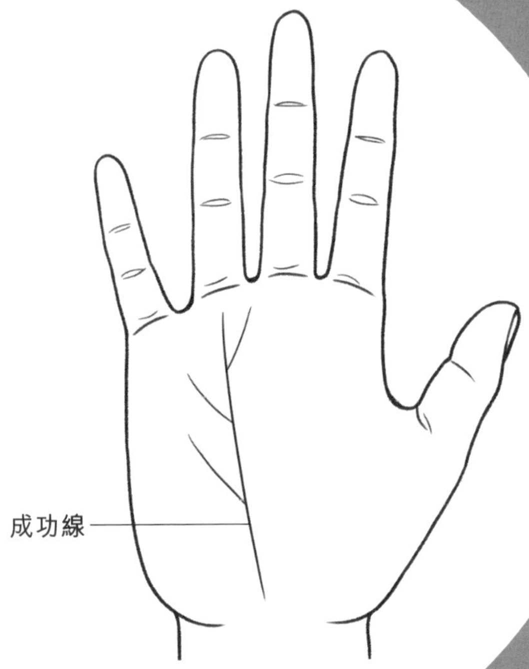

水星線上的上升線

水星線代表直覺能力，同時亦代表財富，當清楚的水星線再加上旁邊有上升線，則其人的直覺能力及財運將會更強。

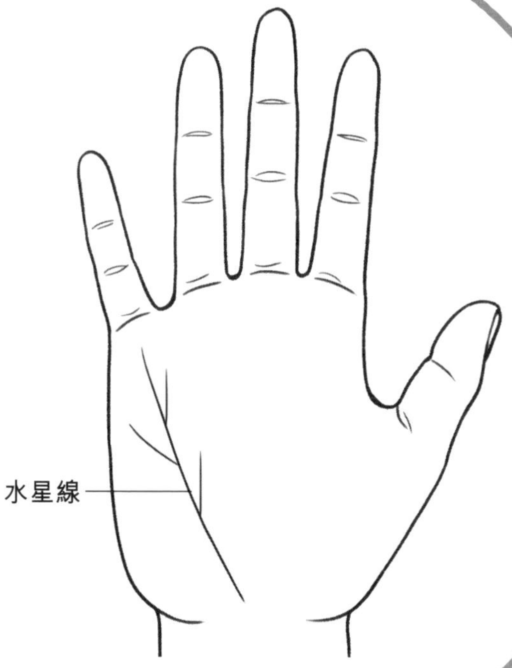

影響線

影響線主要是指掌中橫向及下垂之線，但同時亦有其他影響線，如命運線的影響線，感情線、智慧線、婚姻線、水星線、成功線、生命線等的影響線，但因其他影響線已經在各掌紋的篇幅中詳述，故不打算在此再重複論述了。其實，一切對主要線紋有影響力的橫向或垂直向下的小線，都可以稱為影響線，因其會對原來的線紋構成負面的影響。

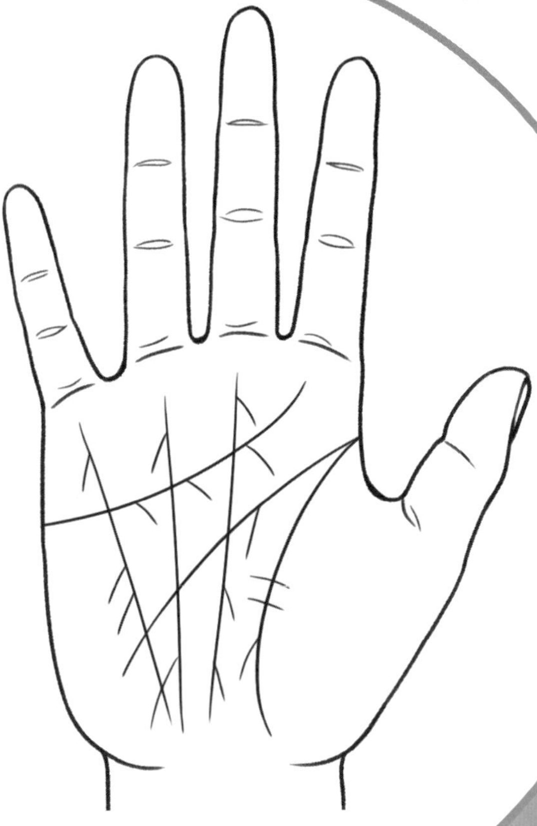

掌中橫向的影響線

有時掌中會出現一條深而明顯的橫向之線，這條線代表着其人會有重大的事情發生，而發生的年歲以命運線的交會點去判斷。

這件大事情可能是事業出現大挫折，亦可能是有親人去世，而兩者以第二個可能性較大。

當然，生命中亦可能出現另外一些大影響，但我們在掌相學上只能夠判斷影響線代表有嚴重的壞事情出現。

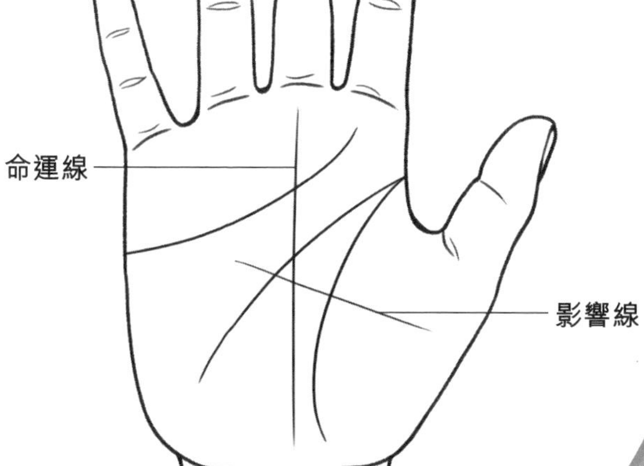

掌中有很多橫向的影響線

有些人的掌中滿佈橫向的線，但這並非代表有那麼多嚴重的事情發生，又筆者會稱這些橫向的線為「自覺懷才不遇」影響線。

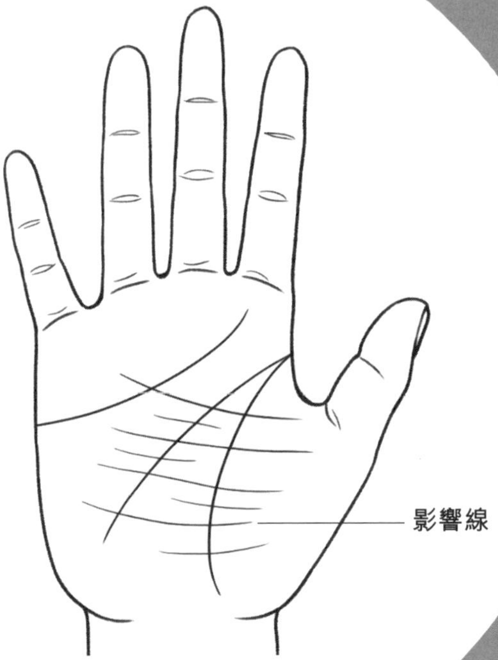

事實上，有此線的人並不一定是懷才不遇，只是他們覺得自己所付出的努力已經很多，為甚麼成果總是不成正比例，因而常自覺懷才不遇，鬱鬱不歡。

又此線常常會出現於代表三十歲以前的先天手上，及後當事業慢慢建立起來，這些影響線便會逐漸消失。

當然，有些人先後天掌會同時出現這種影響線，如此則代表其人一生常覺自己懷才不遇。我想，這時候應該作自我反省，到底自己是真的懷才不遇，還是自以為是、自視過高呢？

同情線

同情線是在木星丘內的斜線。

很多人都會有此同情線，而在女性手上就尤為常見，又先天手之同情線一般較多、較深，而後天手則較少或較淺，甚至完全消失。究其原因，是因為大多數人天生都具有同情心，當覺得人家可憐，憐憫之心就油然而生。

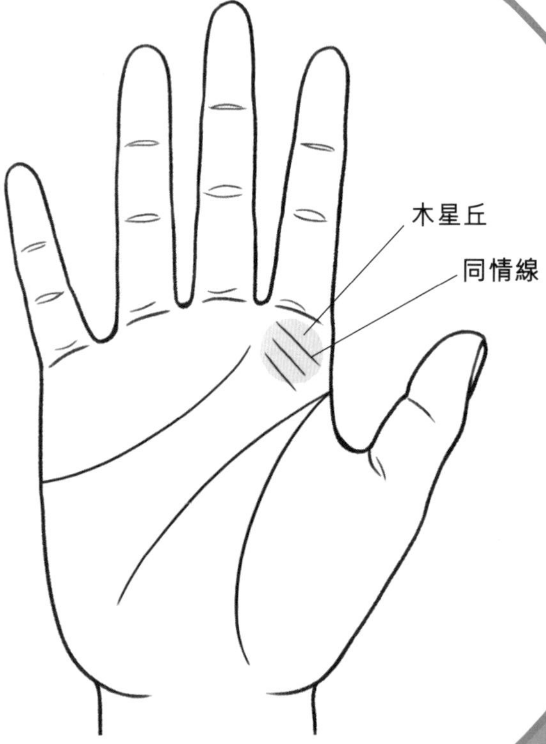

不過，如同情線太多，則其人容易被人利用，騙取錢財甚至感情，因同情線多的人，只要看見人家稍裝可憐就會輕信別人，即使是陌生人，亦會毫不猶豫地伸出同情之手，因而被騙。然而，當及後社會閱歷日深，便不會那麼容易輕信別人，同情線亦隨之減少。

但當然亦有相反，也就是後天手同情線較多，代表三十五歲後同情心愈來愈強。

同情線又多又深

同情線多而深，代表其人同情心重，如果再加上金星丘飽脹，則更具愛心。

不難推斷，當這兩者加起來，他/她一定是一個非常有同情心的人，對於宇宙萬物、一草一木都同樣愛護，甚至是一隻螞蟻，都不會將牠殺死，遇有昆蟲飛進屋內之時，亦只會想辦法把牠送到屋外，而不會將之弄死。

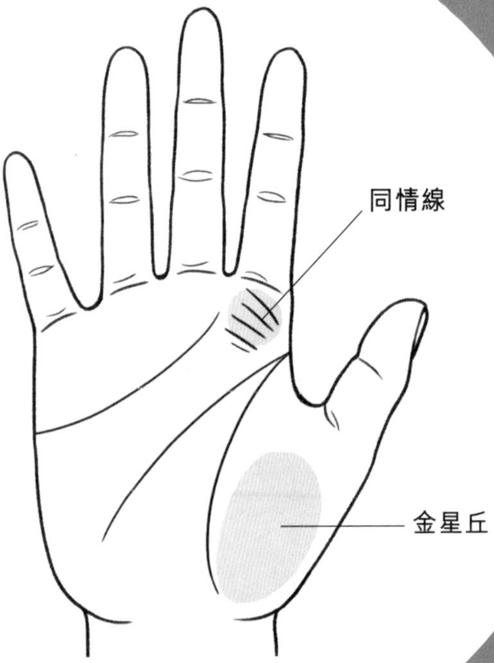

同情線只有一條，但深長而清

這條深長而清的同情線，代表其人有同情心，但他/她的同情心又不至於到達泛濫的地步，應幫則幫，應止則止，不會胡亂幫一些他/她覺得不值得幫的人。

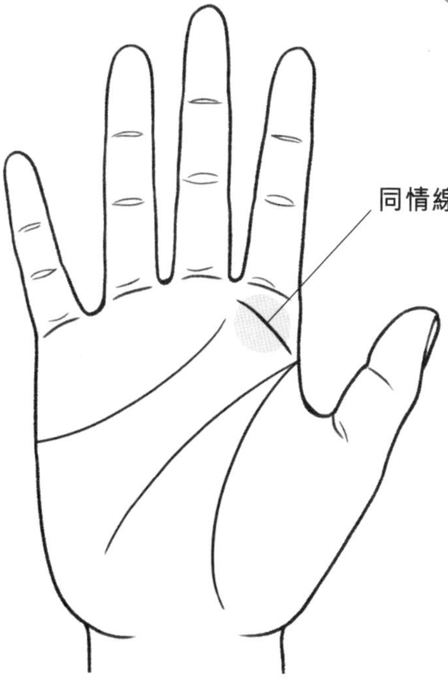

同情線並無顯現

這亦是常見的，比例大概是十分之一、二，這種人天生缺乏同情心，總覺得別人的死活與自己無關，所以他／她既不會幫忙，亦不會關心；如加上金星丘窄或平滿，則為人更為冷酷。

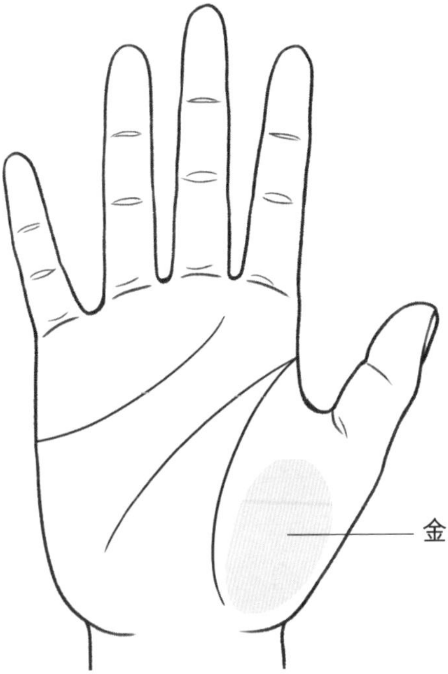

小人線

小人線是位於上火星丘之橫向小線，在心線與腦線之間，有時只有一條，有時則有三數條之多。

火星丘代表防守與爭鬥，而火星丘上的短線就正好加強其人的爭鬥心，如此則小人自然多，故稱之為「小人線」。如出現在先天手，代表三十歲前小人較多；出現在後天手，則三十五歲後小人較多。如果左右手同樣顯現，則代表一生小人特別多。

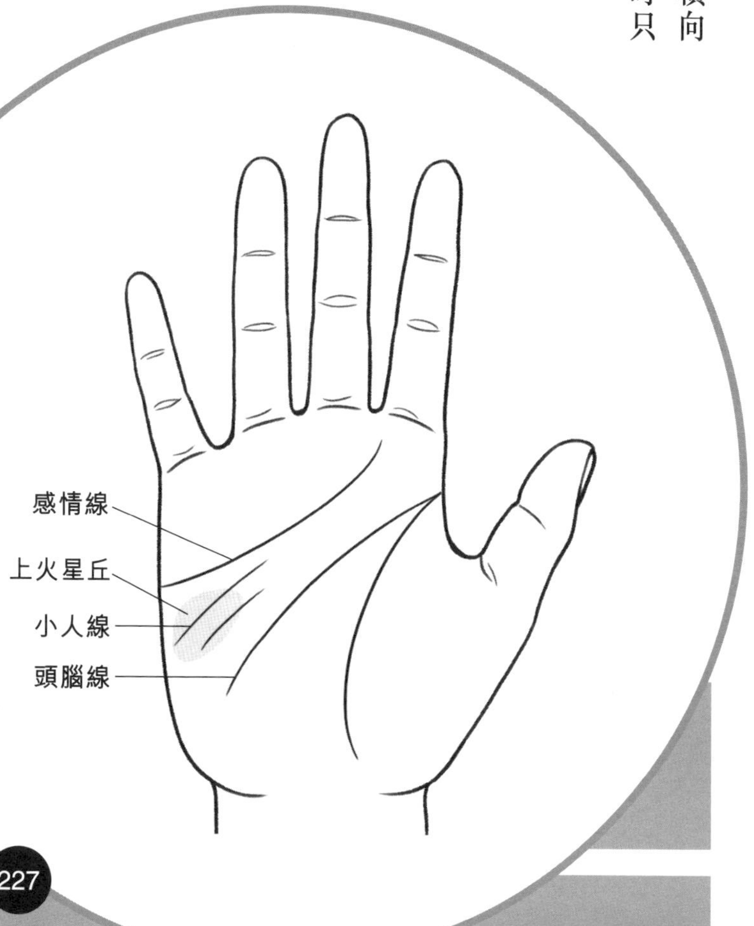

小人線深而長

小人線深而長，主脾氣大，好爭鬥，喜歡與人爭執，一生小人特別多。

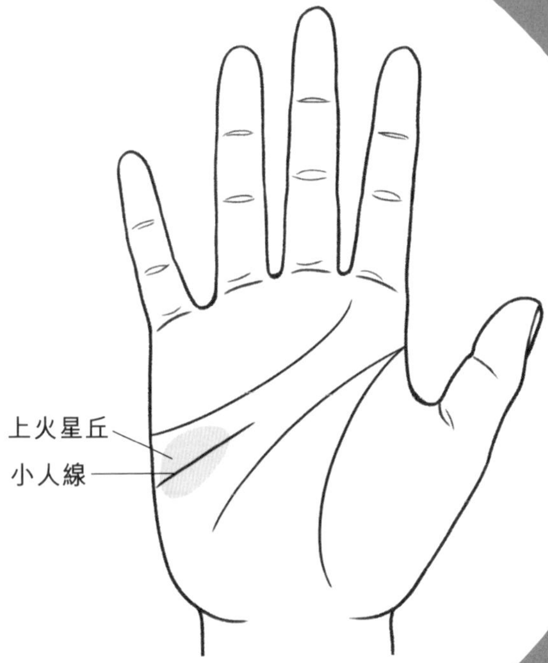

小人線彎向上

小人線線尾靠近心線者，為人主觀，不容易接受別人的意見，因此容易樹敵，且較唯心論。

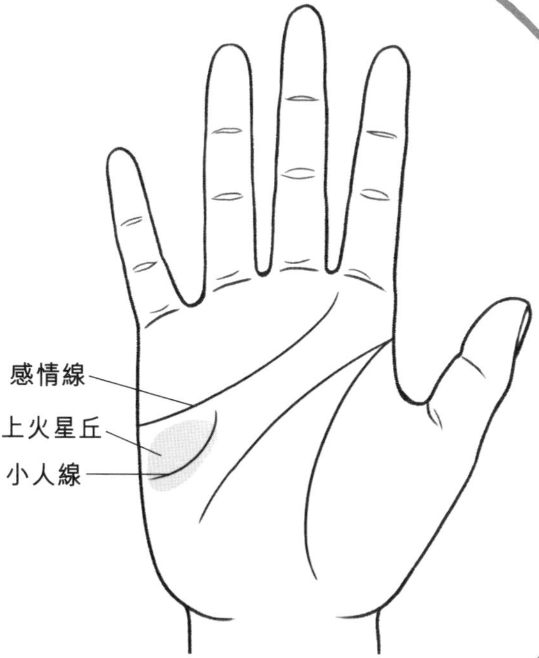

小人線彎向下

小人線向下者，爭鬥心雖強，但為人較為消極，即使鬥爭也會在暗地裏進行，且為人較唯物論。

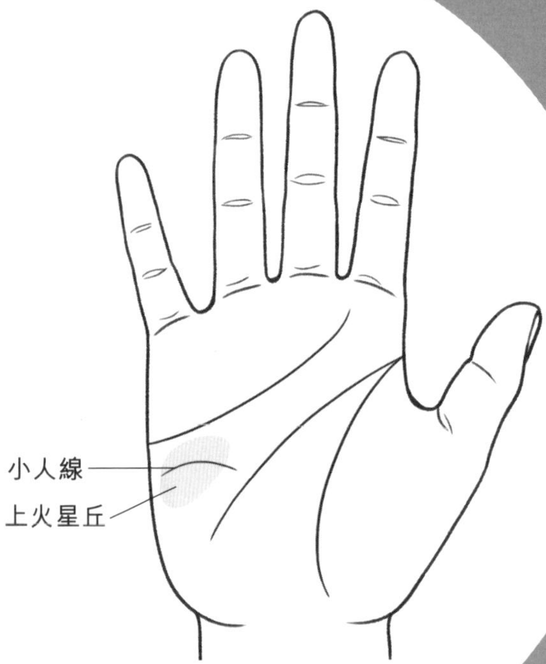

手頸線

手頸線位於手掌基部，海皇丘以下，即與手腕連接之處，又此部位主要察看腎、膀胱、生殖系統。手頸線一般由二至三條組成，以橫向深長為佳，斷續、不清、彎曲或有島紋為差，代表生殖系統容易出現問題。

註：海皇丘與手頸線的正確定義還是很模糊，沒有系統地詳細研究，故其定義只可作為參考，還要繼續研究下去，加以證實，才可以下定論。

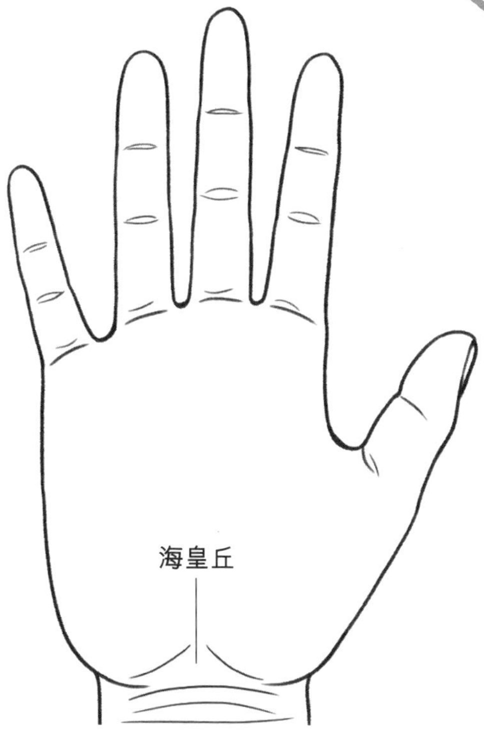

手頸線成三條，清楚而明顯

手頸線成三條，清楚而明顯者，主腎臟健康良好。中醫學認為，腎藏精，同時可藏元陽，又元陽是人體生長、發育的動力，故腎臟健康，自然記性好，體力充沛，做起事來往往更容易成功，可說是成功的基本條件。

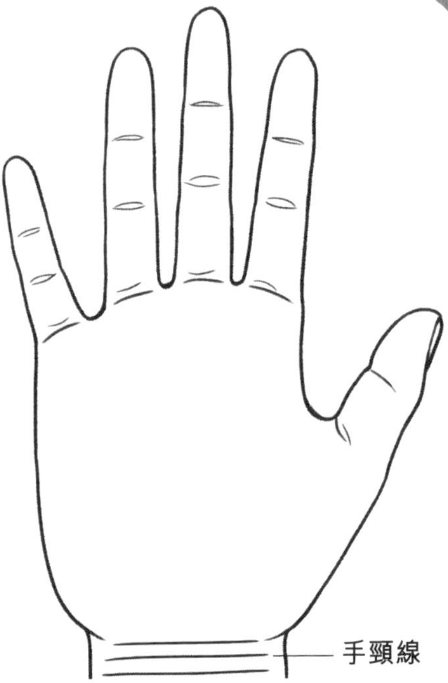

手頸線碎斷而亂

手頸線碎斷而亂，是腎部先天不良之記號，代表其人體力不足，記憶力弱，做起事來自然力不從心。

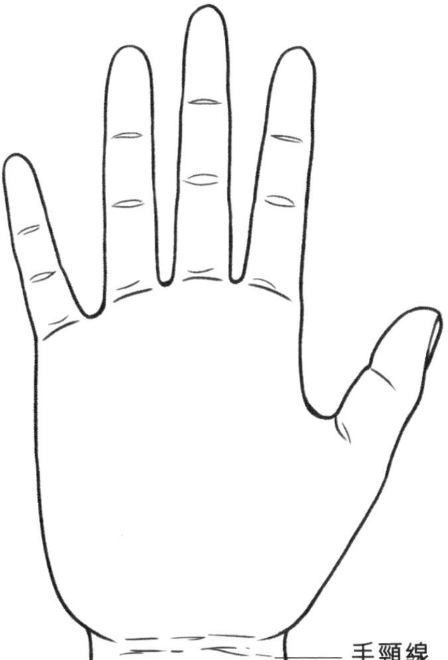

手頸線最高一條呈拱起狀

手頸線最高一條呈拱起狀者，掌相學記載此為一個不祥之記號，主難有子女；如發現有此紋，就最好在懷孕之前做詳細的身體檢查。

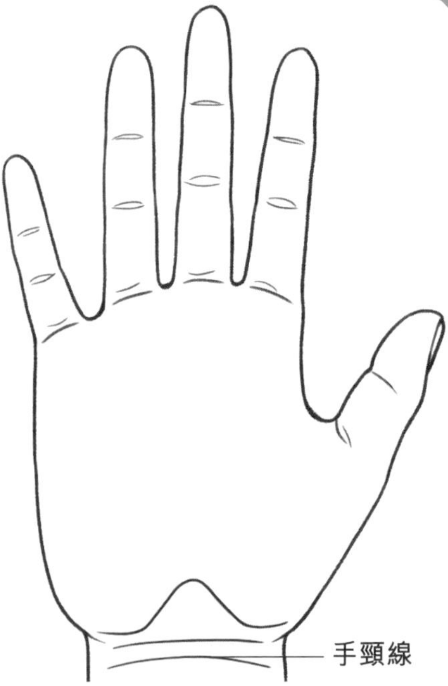

放縱線

放縱線是在海皇丘對上位置的橫向之線，有時會穿越生命線。

放縱線代表為人任性，不受管束，如父母管教過嚴，就很容易自少離家；如父母管教不太嚴厲，則情況會好些。

所以，當發現子女掌中有放縱線的話，就最好循循善誘，不要硬性規定他／她這樣那樣，如此的

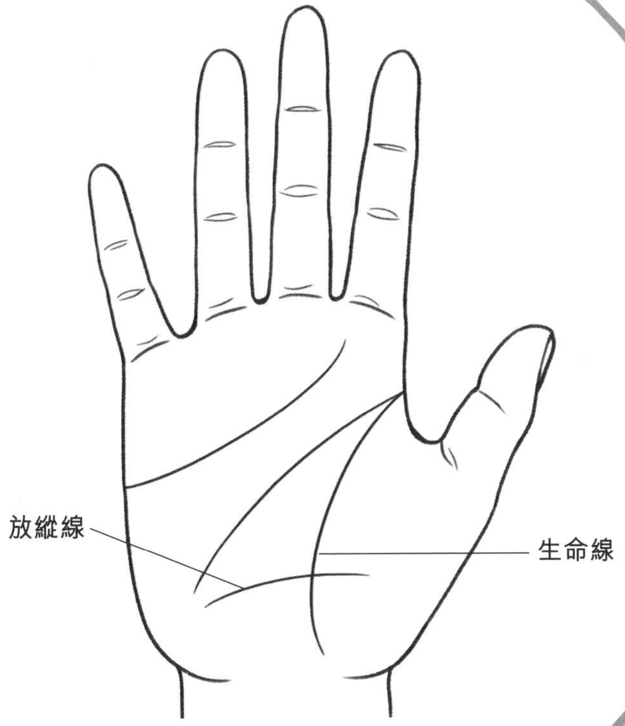

話反而會有反效果，導致兒女離家出走，破壞雙方關係。

又有放縱線的人容易染上不良習慣，尤其是拇指短小、各手指又不夠直者，難免容易受損友影響，因而沉迷酒色、毒品，終致不能自拔。

四方庭

四方庭——腦線與心線中間之位置名為「火星平原」，又叫「四方庭」，是察看一個人器量大小的位置。

四方庭以闊窄適中為佳，因過闊、過窄皆有其優點與缺點。

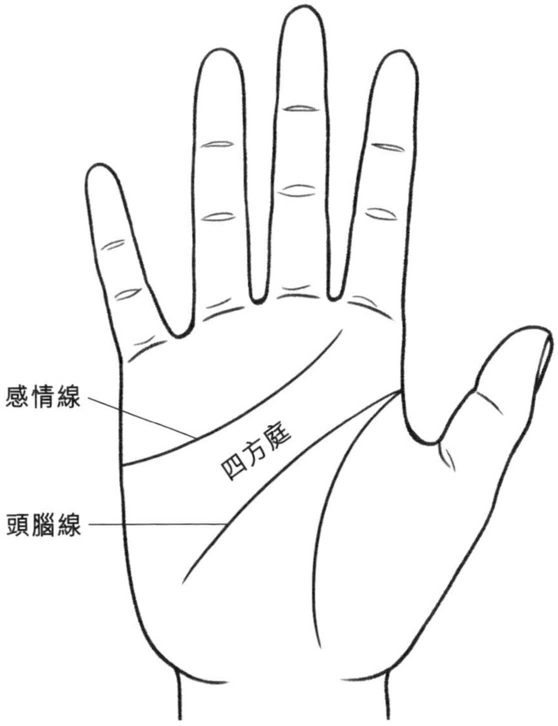

四方庭闊

四方庭闊，即腦線與心線的距離遠，代表其人個性慷慨，不記仇，很容易原諒別人的過失，性格不會太執著，但缺點是不能控制個人感情。

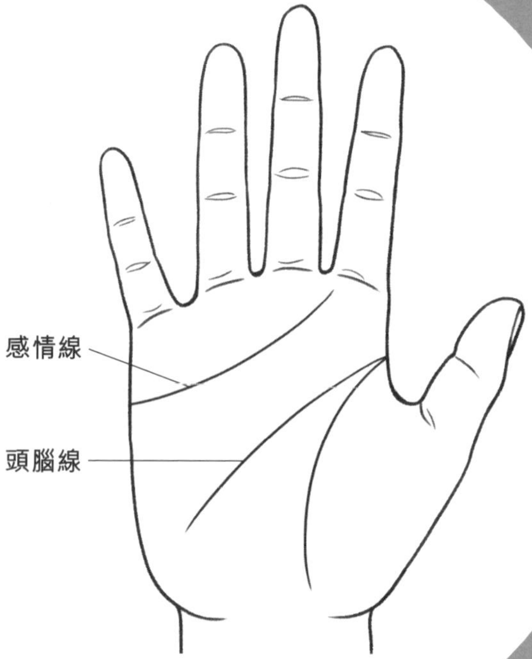

四方庭窄

四方庭窄者，為人小器、記仇，但意志能控制感情。另外，此亦表示其人容易有呼吸系統之毛病。

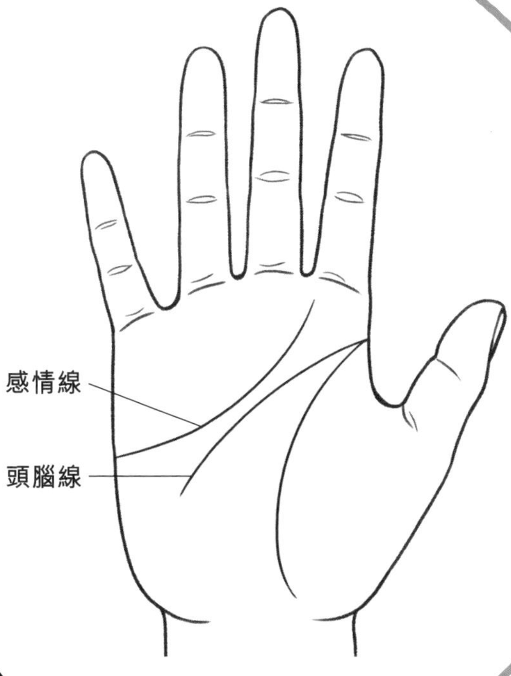

三角令旗紋

事實上，三角令旗紋是不存在的，因為不管掌中出現成功線、事業線抑或命運線，皆會形成大小不一的三角形。之所以有「令旗紋」這種説法，是因為三角形的形狀像旗一樣，繼而被一些掌相學家説成為「三角令旗紋」，説掌中有此紋的人，一生都容易掌管權力。

凡出現三角令旗紋者，其掌中一定會有一條清楚明顯的成功線、水星線或命運線，而我們只要從其線紋推斷，便可得知他／她有否成就。

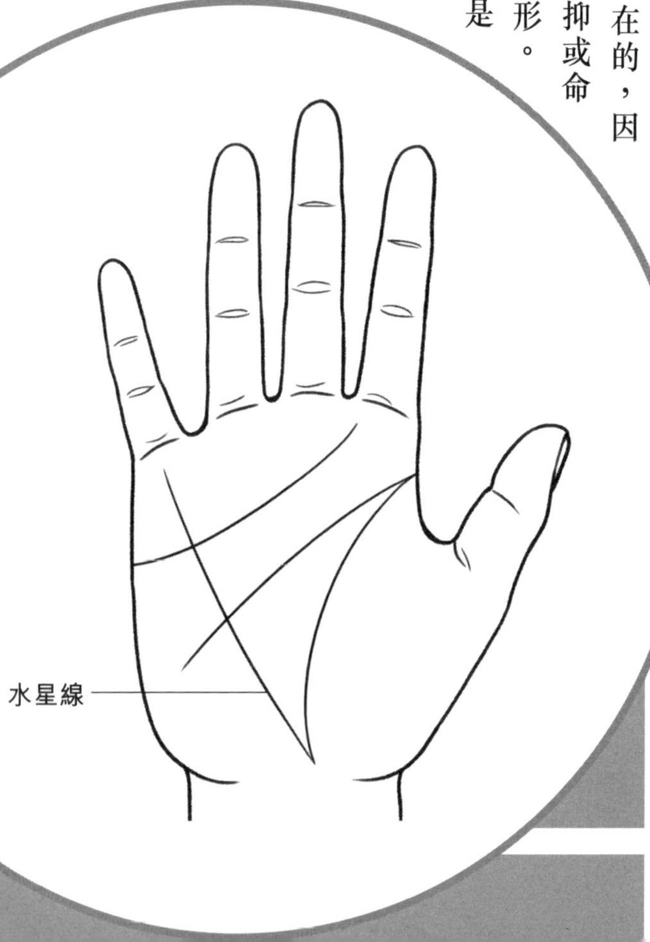

水星線、頭腦線與生命線所組成的三角形

由水星線、頭腦線與生命線所組成的三角形，稱為「大三角形」，是智力、活力、感應力的組合，這個組合能使其人得到幸運與財富。

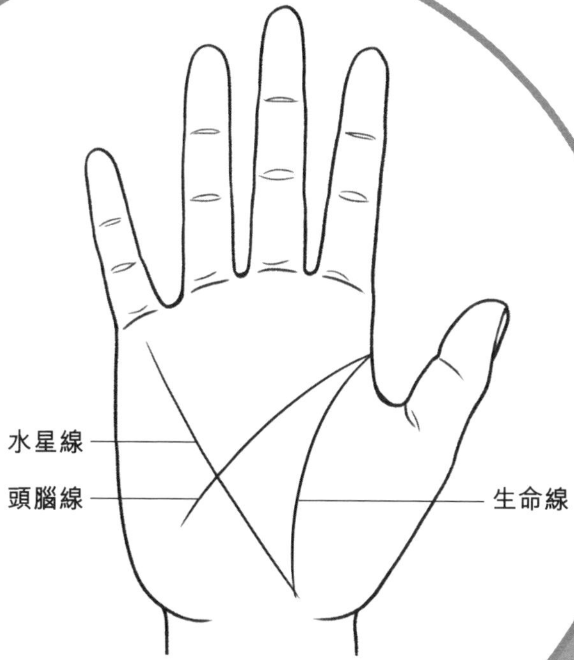

成功線、頭腦線與生命線所組成的三角形

由成功線、頭腦線與生命線所組成的三角形，為中三角形，是思考力、幸運與體力的組合，代表從事任何行業都容易得到成功。

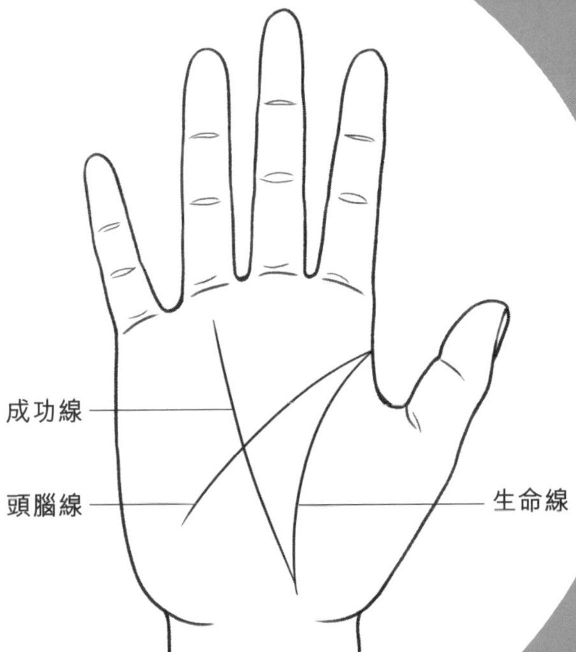

命運線、頭腦線與生命線所組成的三角形

由命運線、頭腦線與生命線所組成的三角形，為小三角形，是命運、智力與體力的組合，主一生事業穩定，無風無浪，最宜從事專業工作或於大機構發展。

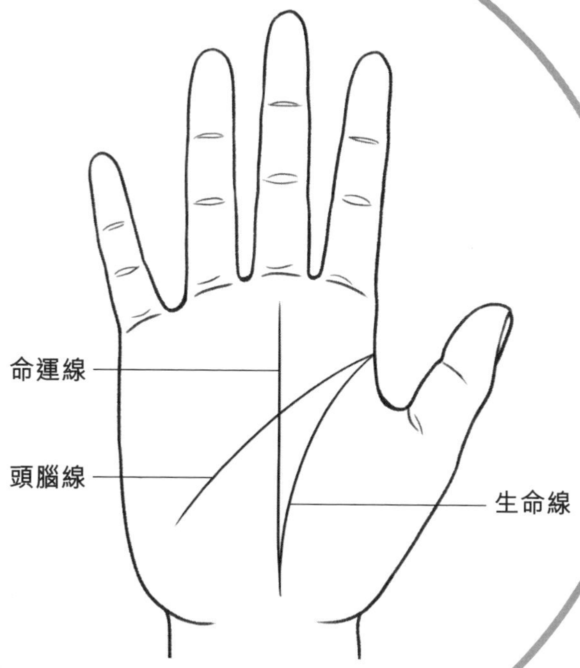

成功線、水星線與頭腦線所組成的三角形

由成功線、水星線與頭腦線所組成的三角形，是名譽與財富的結合，主其人一生常有幸運跟隨，且具有不平凡的直覺力，在商業決策上快而準，因而常常獲得先機，快人一步，得到成功。

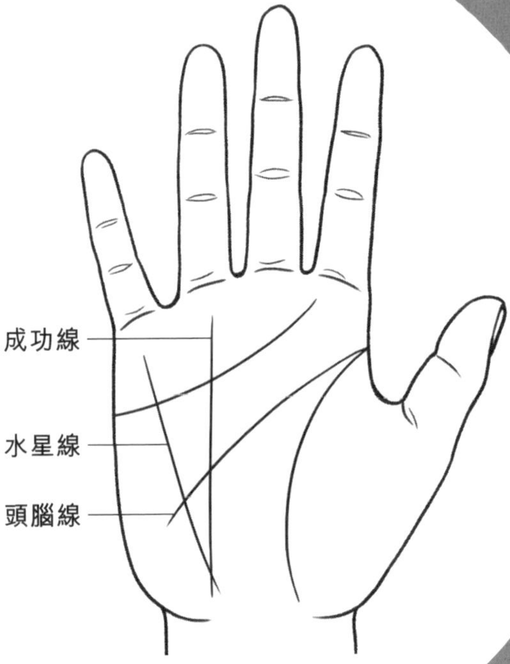

三角紋

在掌紋學說中，三角紋是一個良好的符號，能對所在位置生起保護作用，故又稱為「保護三角」。

木星丘上出現三角紋

木星丘代表野心、上進心、權力慾，故木星丘上出現獨立三角紋的話，將能增強其人在這方面的能力。

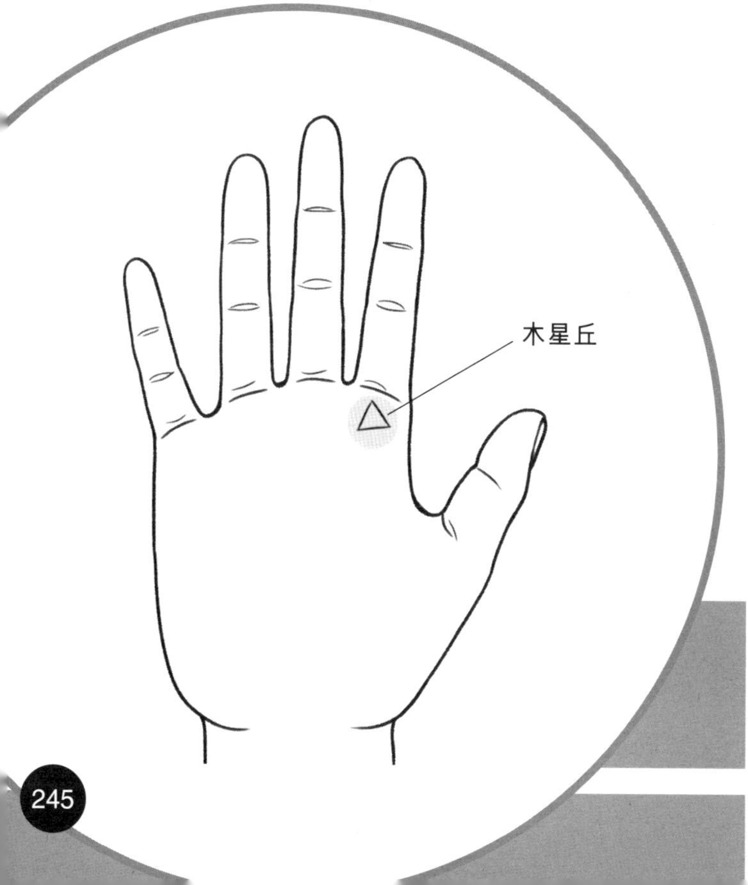

土星丘上出現三角紋

土星丘代表神秘、玄學、知識追求，如土星丘上出現獨立三角紋的話，將能增強其人研究神秘學的能力。

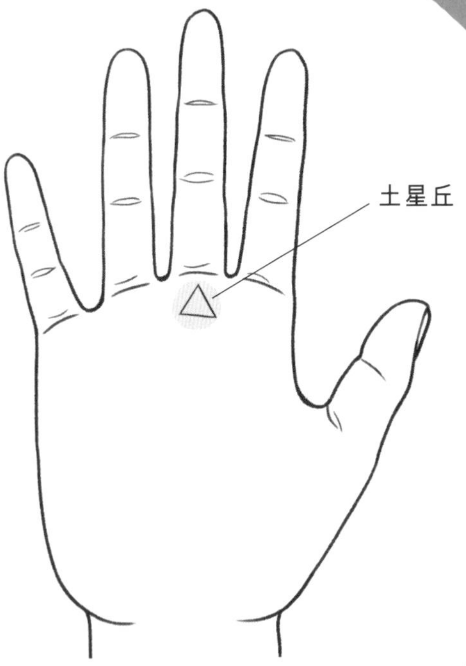

太陽丘上出現三角紋

太陽丘代表藝術、名譽追求及健康快樂，如獨立三角紋出現在太陽丘的話，將能增加上述各方面的能力。

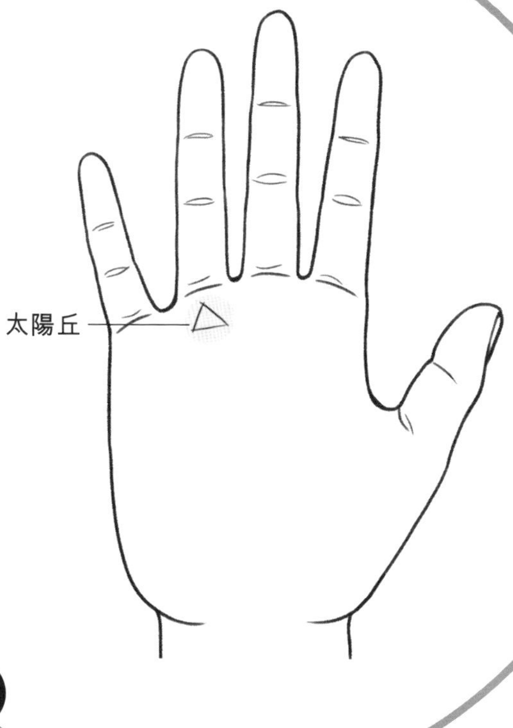

水星丘上出現三角紋

水星丘代表數學、科學、醫學才華及交際能力，如水星丘上出現獨立三角紋，將能加強以上能力。

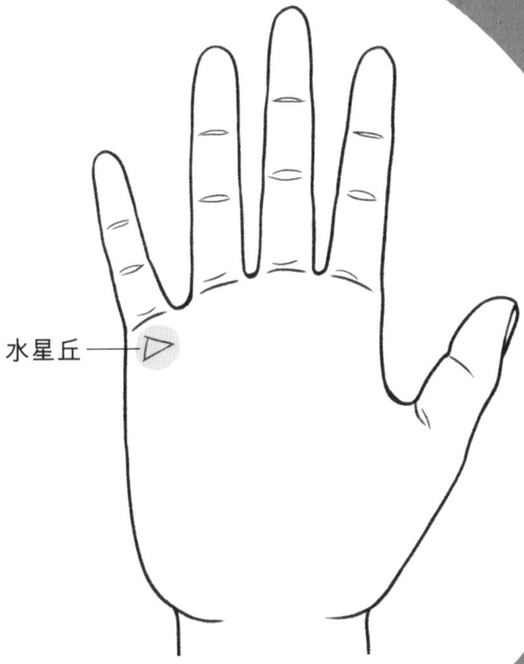

上火星丘上出現三角紋

上火星丘代表抵抗性，如上火星丘出現三角紋的話，將能增加其人抵抗逆境的能力，從事軍政或武術運動就最為適宜。

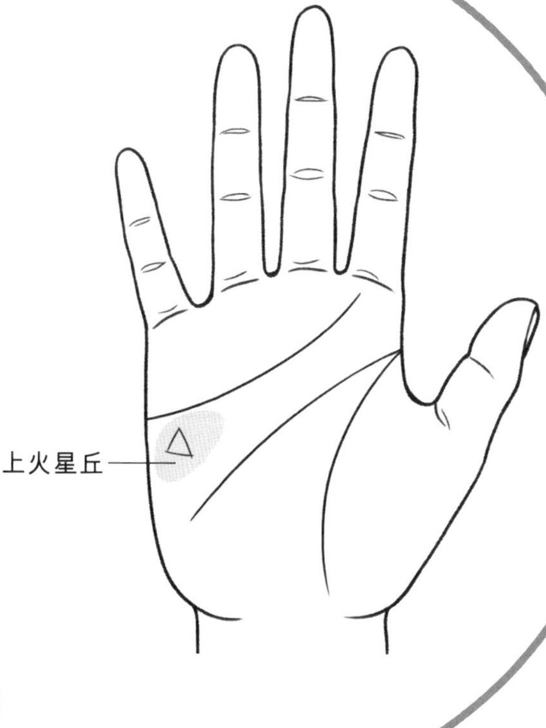

太陰丘上出現三角紋

太陰丘代表幻想、神秘能力及言語表達力，如太陰丘上出現獨立三角紋，將能增加其人的以上能力。

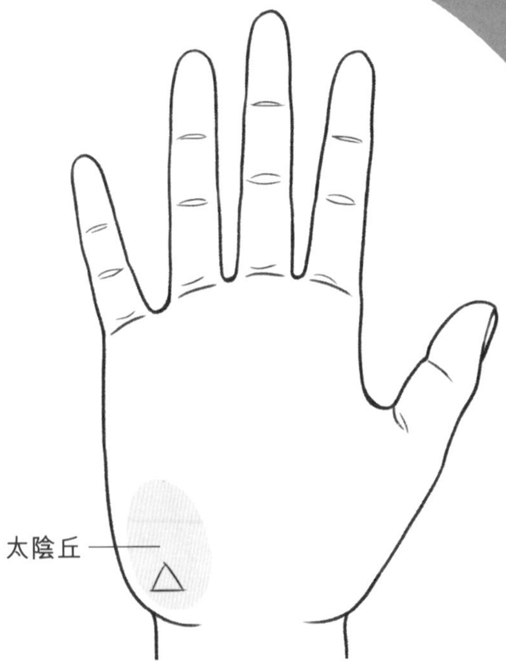

海皇丘上出現三角紋

海皇丘上出現三角紋，代表能夠得到遺產，且有突如其來的好運。

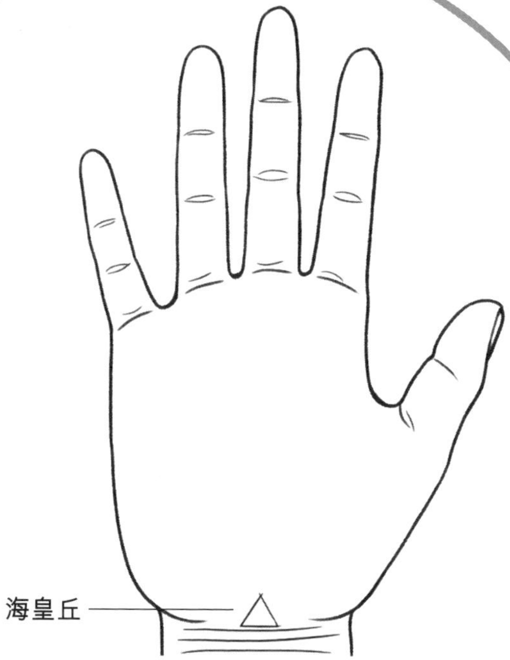

金星丘上出現三角紋

金星丘代表愛心，故金星丘出現獨立三角紋的話，將能加強其人的愛心。另外，此亦表示婚姻幸福愉快，究其原因，乃其人具有同情心之故。

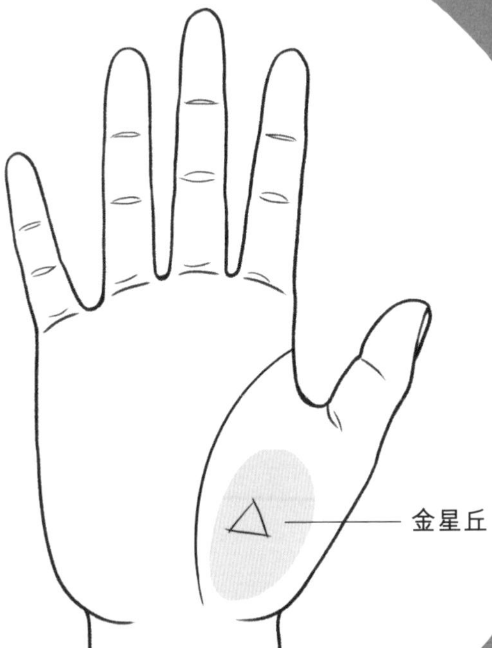

水星線末端出現三角紋

水星線末端出現三角紋，主有不平凡的科學才華，能在科學、數學上有傑出成就。

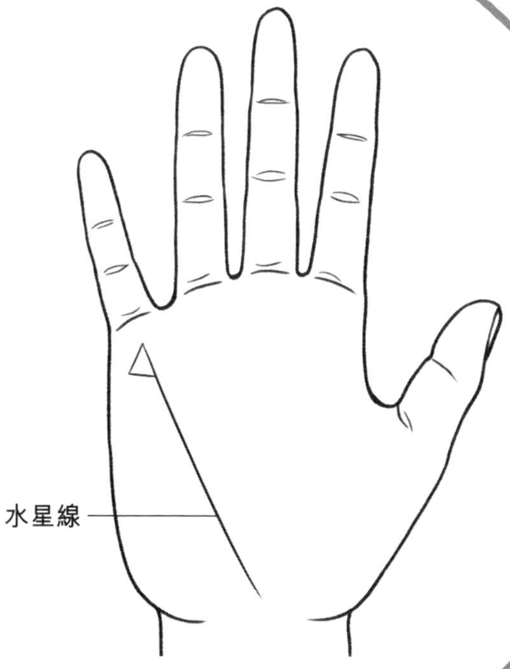

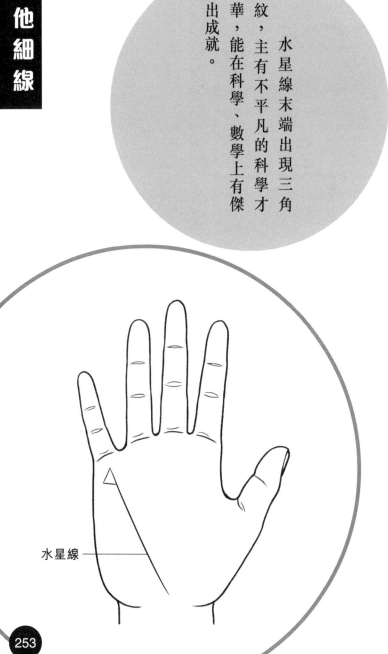

生命線上出現三角紋

生命線上出現三角紋，稱之為「手術三角」，代表在三角紋出現的位置之時間，要進行手術，但該手術是安全的，不會危及生命。

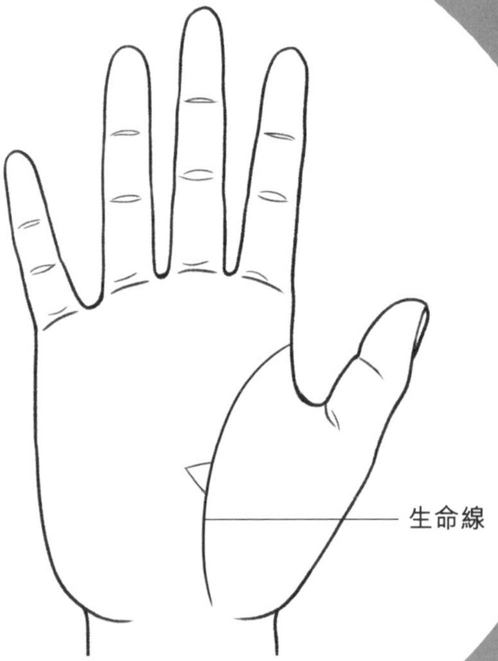

星紋

星紋為突發性的紋，能增加所在位置之力量，有時帶來好的影響，有時又會帶來壞的影響，故星紋沒有特定好壞之分，要從星紋所在的位置判斷其吉凶好壞。

木星丘上出現星紋

木星丘上出現星紋，表示其人的野心、權力、名譽、愛情得到滿足，生活水平更可能突然得到提升，成就突如其來，之前完全預料不到。

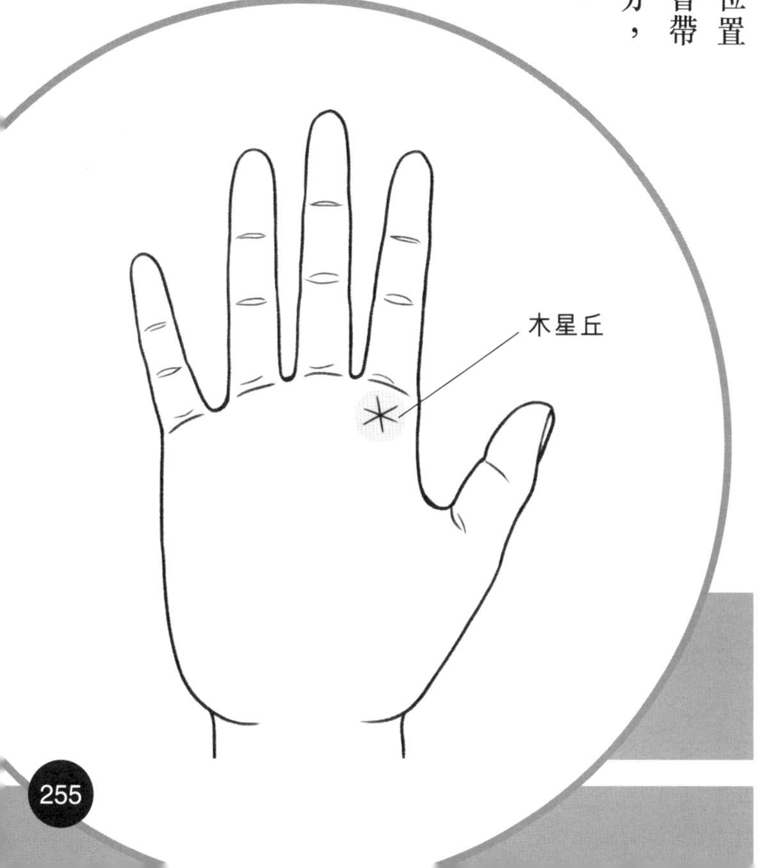

土星丘上出現星紋

土星丘上出現星紋，主患有不治之症及有嚴重犯罪傾向，如各手指彎曲則更為準確。另外，由於土星丘代表神秘學，故土星丘上出現星紋亦代表其人利用神秘學作出犯罪的欺騙行為。

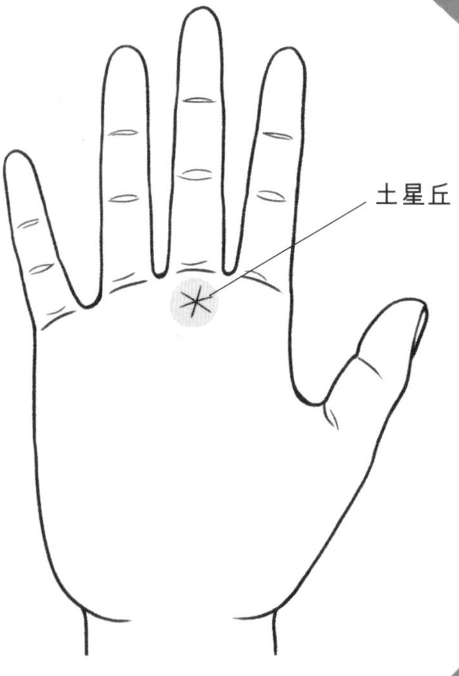

太陽丘上出現星紋

太陽丘上出現星紋，表示能夠得到突如其來的幸運與財富，而上述所得之財富與努力完全沒有關係，都是因幸運而來，可能由中彩票或在賭博場所所得，故可稱為「橫財星紋符號」。

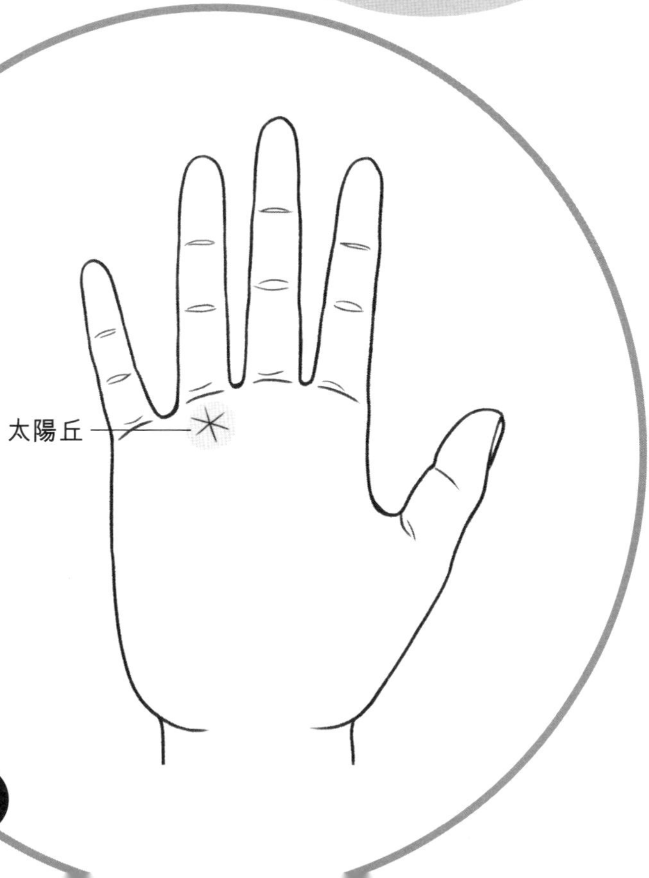

水星丘上出現星紋

水星丘上出現星紋，代表其人有不平凡的商業本領，不但能因盜用別人的設計與計劃而從中得到利益，且能做到別人拿他／她沒辦法，又此相在劣質手形上更為準確。

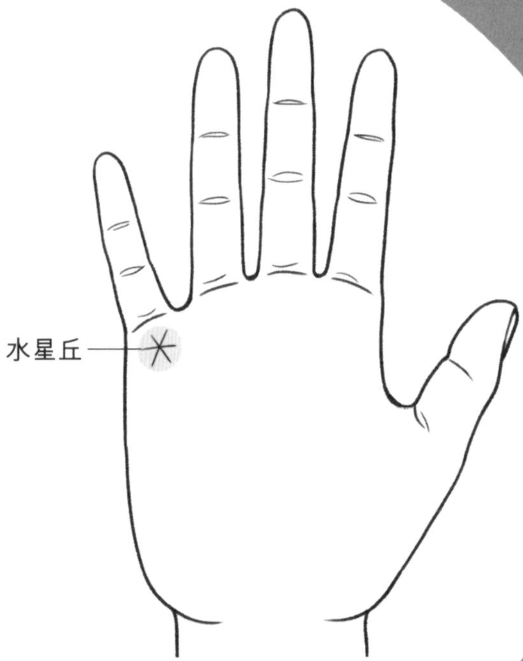

火星丘上出現星紋

火星丘上出現星紋，主容易遇到意外損傷，而損傷與暴力事件有關。另外，得此紋者為人妒忌心重。

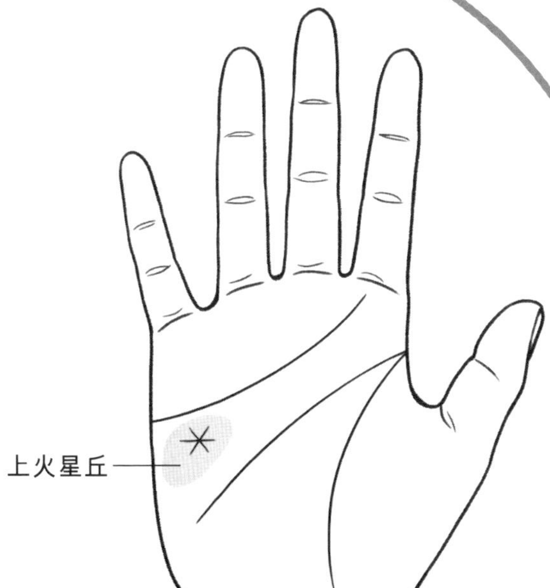

太陰丘上出現星紋

太陰丘上出現星紋，除了能增加太陰丘的幻想能力，使其人在幻想創作方面更加天馬行空外，亦是一個遇溺的記號。

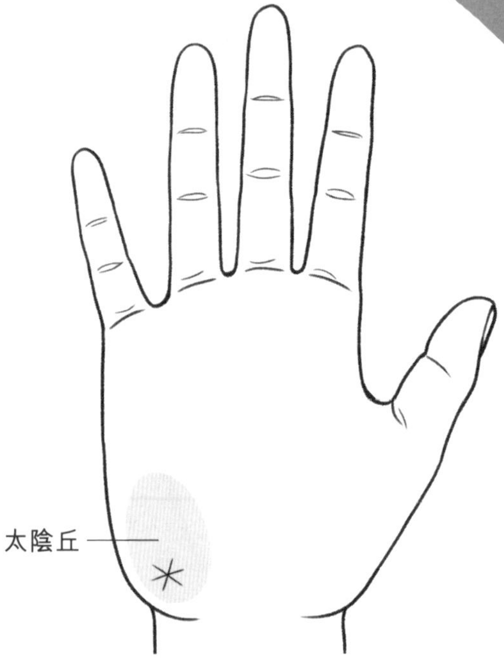

金星丘內出現星紋

金星丘內出現星紋，能加強金星丘所代表的愛心。得此星紋者，在愛情方面非常熱烈，是一個婚姻幸福的記號。同時，此亦代表一生易受異性垂青。

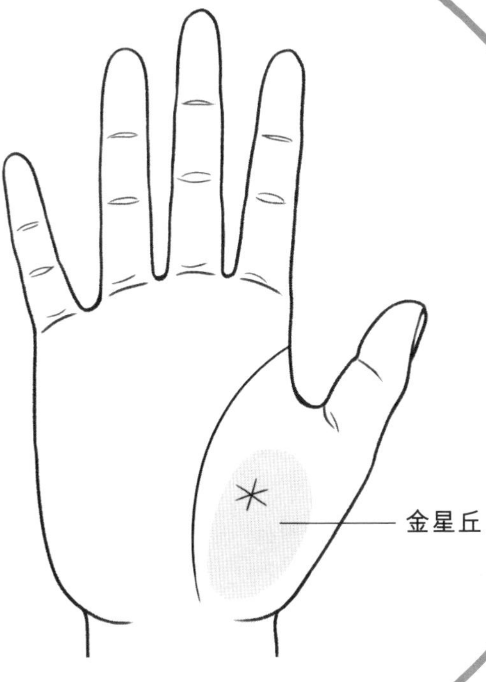

火星線末端出現星紋

火星線末端出現星紋，能增加下火星丘的進取性，而在戰場上所表現的英勇行為，就尤其能為他／她帶來榮譽；這類人如在太平盛世時加入紀律部隊，亦會有出色表現。

又一般人有此紋代表脾氣容易突然爆發，易生爭執打架之事；在婦人手上出現，則為一個不良的婚姻記號。

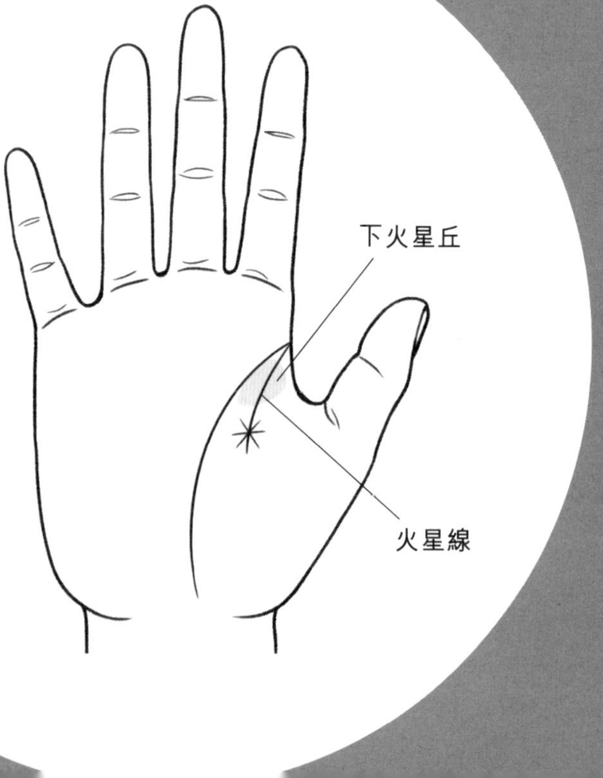

金星丘內、生命線旁出現星紋

金星丘內、生命線旁出現星紋，主有訴訟事件，亦為喪偶之記號。

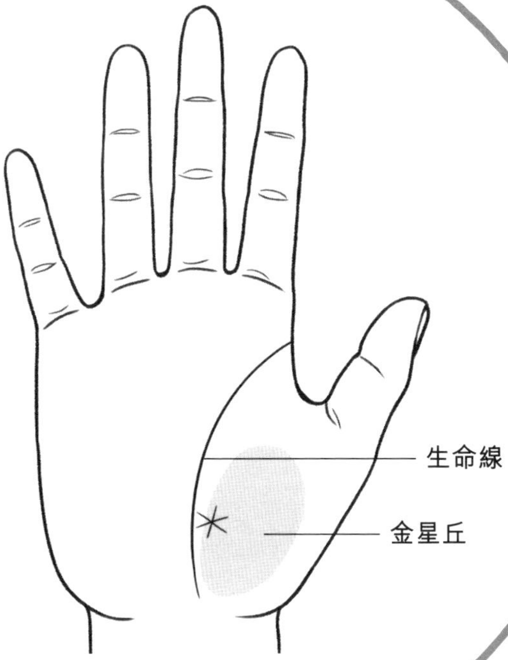

其他主要線紋出現星紋

生命線（A）——代表在星紋出現的時間會發生嚴重之意外事件，引致生命危險。

腦線（B）——主腦部容易因意外而受損。

心線（C）——主愛情關係出現突發性的煩惱，最後因爭吵、意見不合而分手收場。

婚姻線（D）——主配偶可能死於意外。

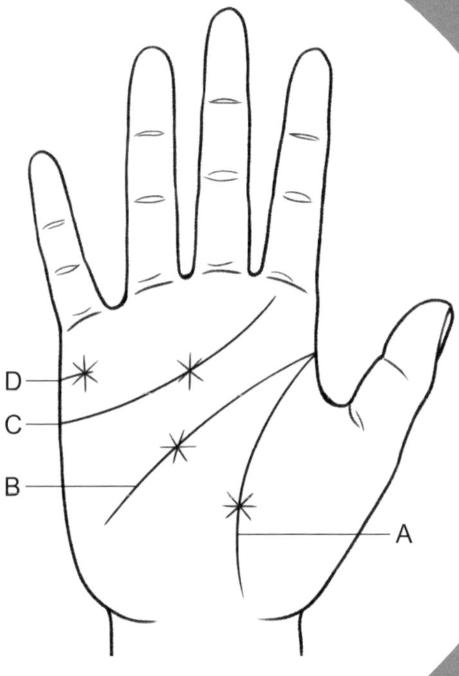

其他次要線紋出現星紋

命運線（A）——大多因桃色事件引致破財，而名譽亦受到極大損害。

太陽線（B）——成功線上出現星紋，主突如其來的名譽與成就，且成功能夠維持下去。

水星線（C）——這是健康不良的記號，如其出現在起點近太陰丘處，就尤其易見腎、膀胱、泌尿系統之毛病。

不過，如星紋出現在水星線末端近水星丘處，則代表其人有輝煌成就，富甲一方。

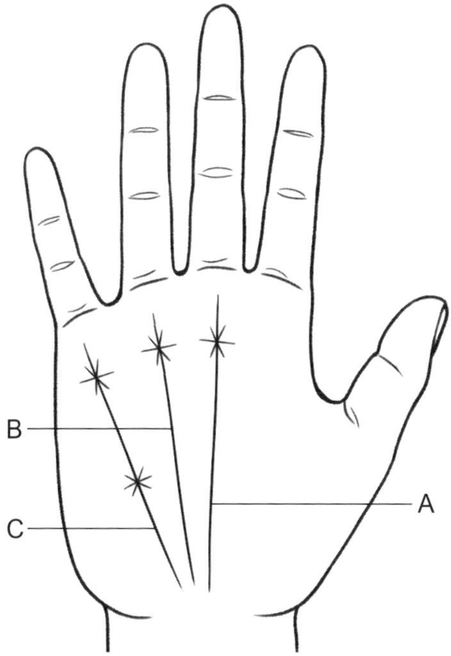

十字紋

十字紋出現在掌中一般都是不良的記號，只有在木星丘上及掌中四方庭內出現除外。十字紋一般代表意外、損傷、分離，故掌中十字紋愈多，不良影響就愈多。

木星丘上出現十字紋

由上升線與同情線所組成的十字紋，是唯一一個良好的十字紋，又名「幸福婚姻十字紋」，有此紋者婚後會得到幸福，且雙方愛情深厚，永不分離。

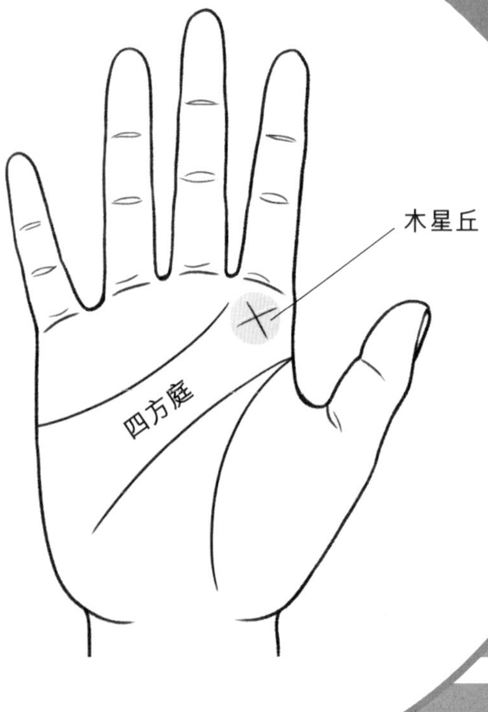

土星丘上出現十字紋

土星丘代表神秘，出現十字紋代表其人會濫用神秘學，甚至作出不道德之行為，又這亦是難有子女的記號。

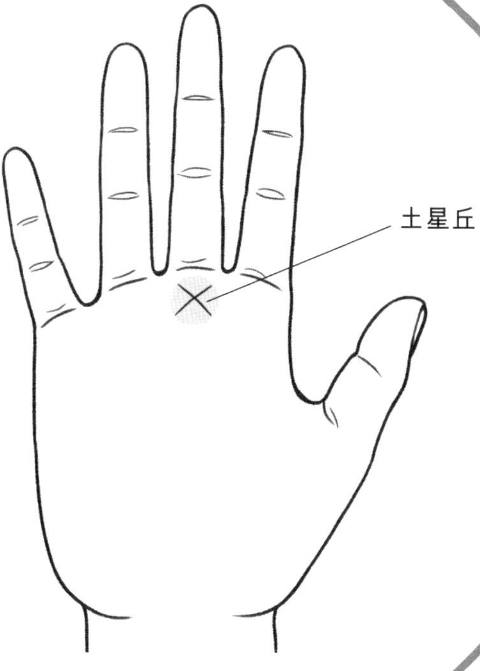

太陽丘上出現十字紋

太陽丘上出現十字紋，將會破壞太陽丘風趣、隨和的個性，使其人變得浮誇、不實，打腫臉充胖子，一生難以成功。

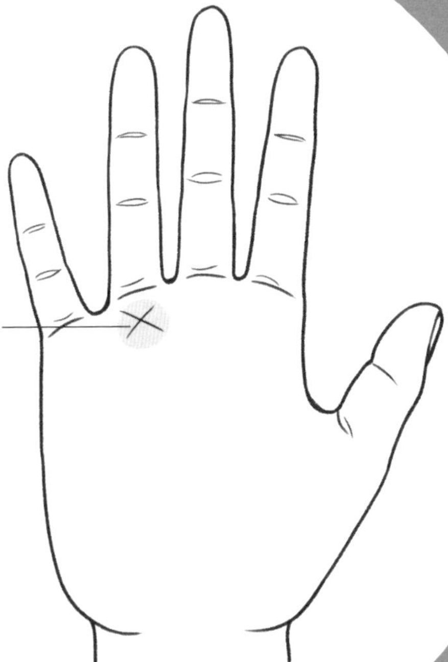

水星丘上出現十字紋

水星丘上出現十字紋，代表其人有嚴重的欺騙行為，為人十分狡猾，且有盜竊傾向。

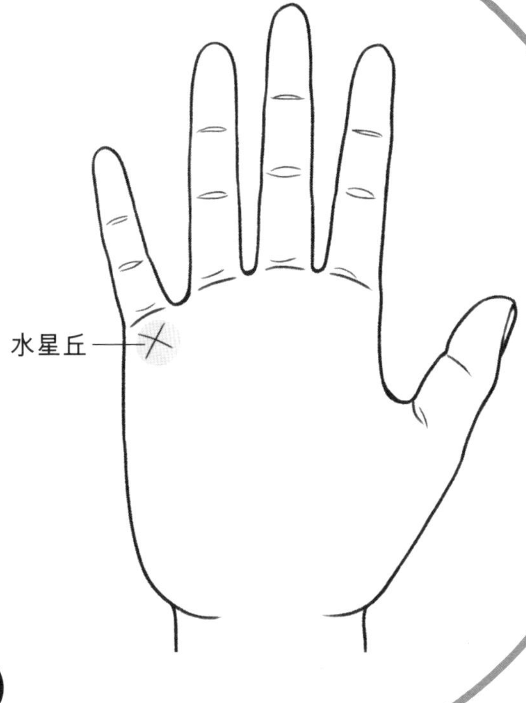

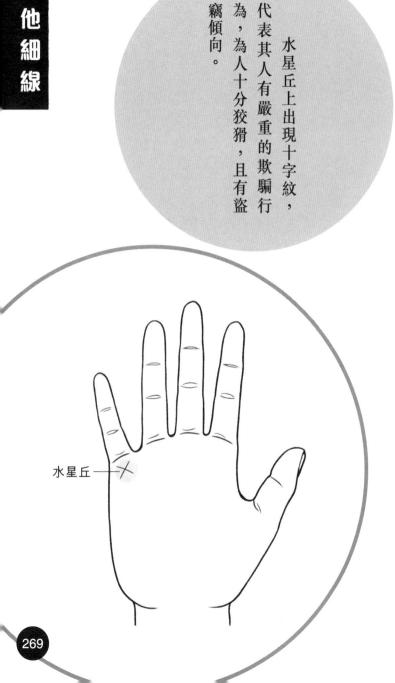

火星丘上出現十字紋

火星丘上出現十字紋，代表其人個性頑固，好爭吵，且容易有刀傷之險，如下火星丘出現十字紋，更會加強其爭鬥之心，一生意外事件特多。

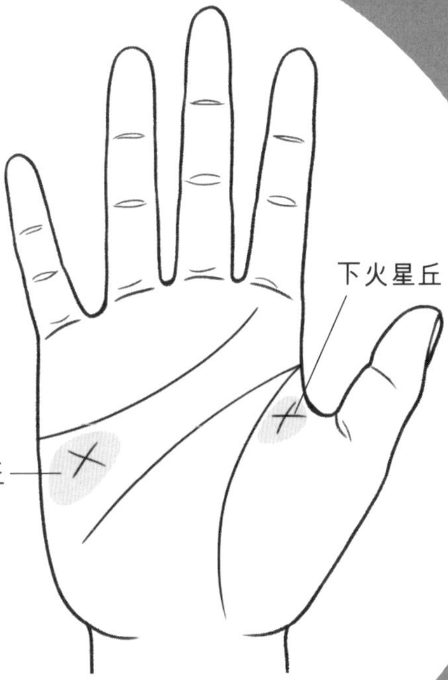

太陰丘上出現十字紋

這是一個健康不良的記號，容易引發其人神經緊張，情緒更不穩定。如十字紋在太陰丘下部出現，則其人甚至容易出現生殖系統疾病。如年老以後才出現此十字紋，則代表體質衰退，健康日差。

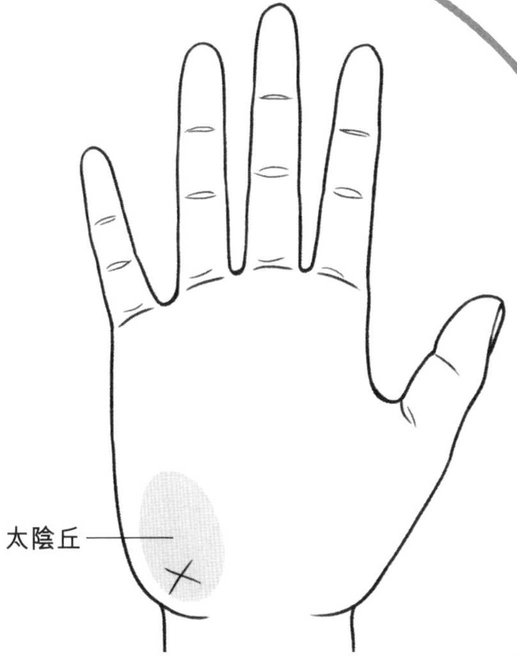

金星丘內出現十字紋

金星丘內有很多橫橫直直的線，故很容易出現十字紋，又金星丘內十字紋愈多，則愈會引發其人在情慾上的壞影響。

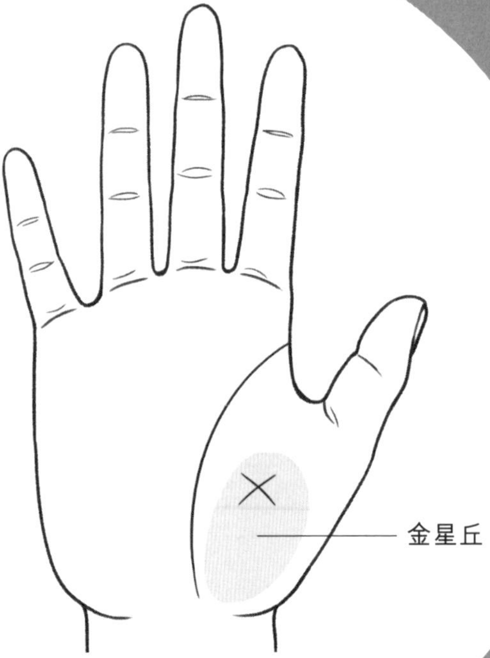

其他主要線出現十字紋

生命線（A）——代表生命會遇上危險事情，而這危險事情是因意外或手術所致。

腦線（B）——代表腦部容易出現問題，可能因意外而引致腦部受傷或精神不安。

心線（C）——感情線上有十字紋，代表容易有疾病或意外，引致心臟出現毛病，亦可能是感情受到打擊。

婚姻線（D）——主配偶可能死於意外。

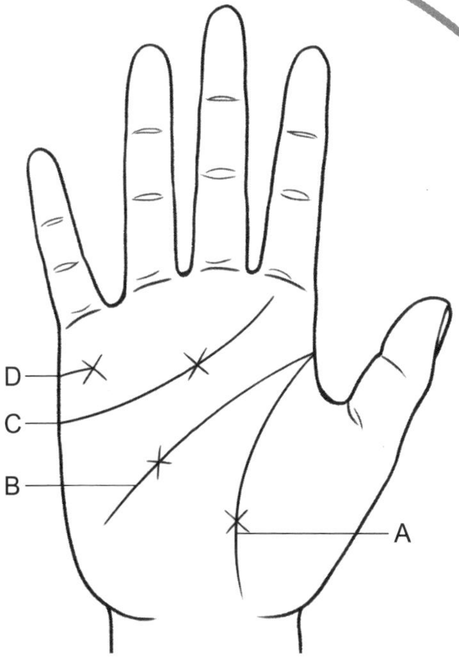

其他次要線出現十字紋

命運線（A）——事業線上出現十字紋，代表在該段期間事業會遭遇困難，繼而引致嚴重損失，亦主家庭拆散。

成功線（B）——太陽線出現十字紋，代表事業成果將會受到嚴重破壞，名譽喪失。

水星線（C）——這是一個健康不良的記號，代表容易遇上意外事件。另外，此十字紋亦主金錢損失，如在尾部出現，則損失將更為嚴重。

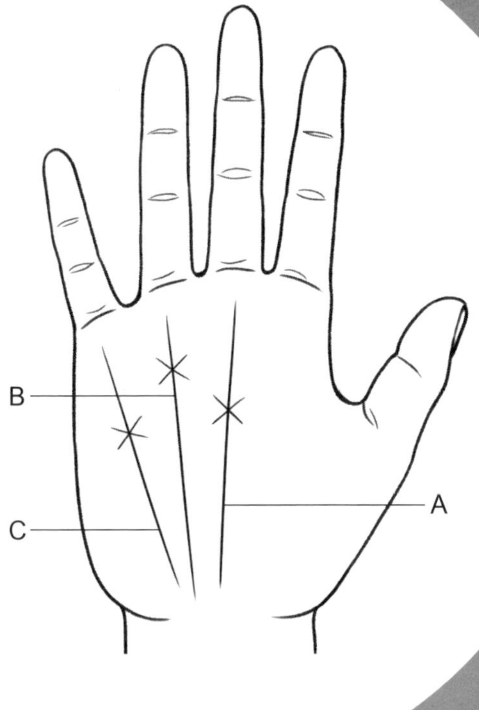

神秘十字紋

土星丘下明顯出現獨立之十字記號，名為「神秘十字紋」，代表其人對神秘學如宗教、天外來客、魔術、星相等多方面有極濃厚的研究興趣。

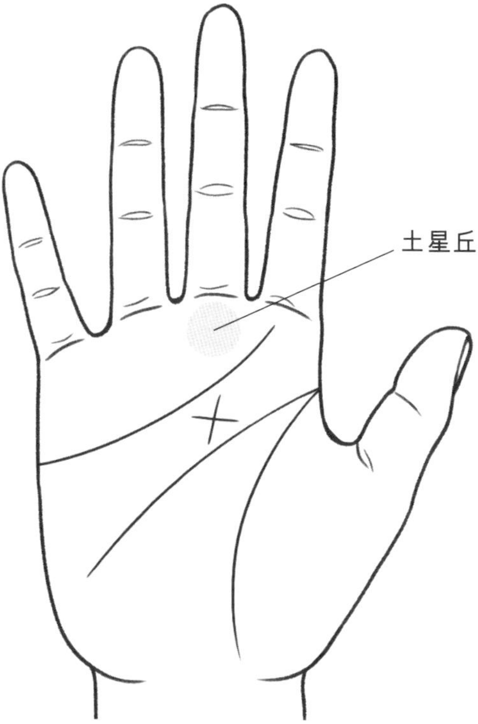

命運線在心線與腦線之間出現橫向短線，形成神秘十字紋

這與獨立的神秘十字紋有一樣的作用，主其人同樣喜愛學習神秘學，但可能其興趣不及獨立的神秘十字紋濃厚而已。

事實上，神秘十字紋只顯示其人對神秘學的興趣，與有沒有天分無關；如欲知其人有否天分，則要看腦線是否清而平直，如是者則對要運用數學之命理、八字、占星較有天分；如果水星指下有明顯的水星線，再加上水星指長，就主直覺能力較佳，在研究掌相或心理學方面會較有天分。

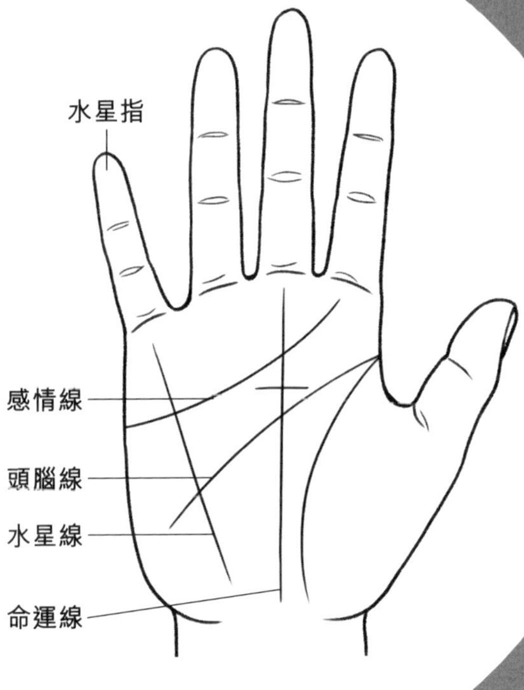

方格紋

方格紋（井紋）在手掌中代表保護力，能夠保護其所在位置的力量，又井紋與方格紋作用一樣。

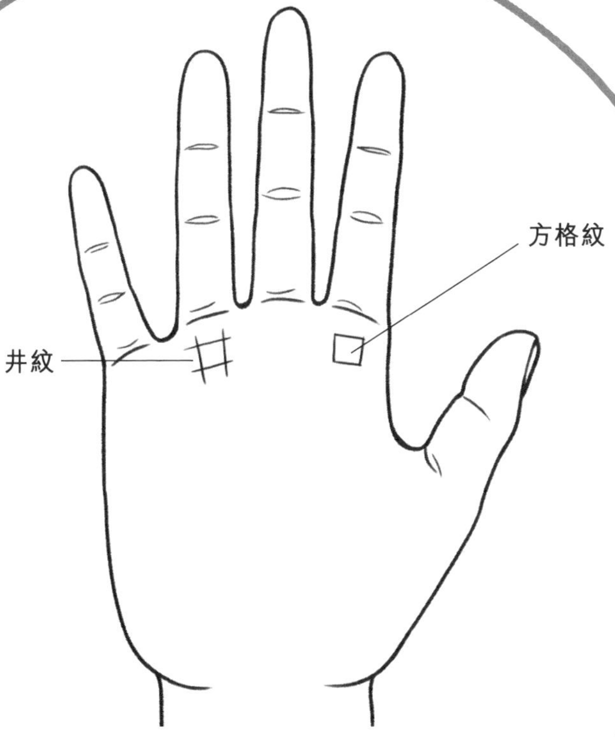

一般相士說有井紋出現的話，就代表有田產，但這其實只是他們想當然的想法，豈有可能有井紋就有田產？那沒有井紋，是否就沒有田產呢？很多富有人家有很多田產，那他們又是否滿手都是井紋呢？所以，各位讀者以後要知道，井紋與田產是沒有關係的。其實，現代人有錢便有田產，我們從掌型的優劣、顏色好壞、成功線、事業線是否清晰，便可推斷其人有否田產了。

木星丘上出現方格紋

木星丘上出現方格紋，能抑制木星丘過分的野心，如此則當其人未達到目的時，能採取小心謹慎的態度之餘，又能保留木星丘的自尊心。

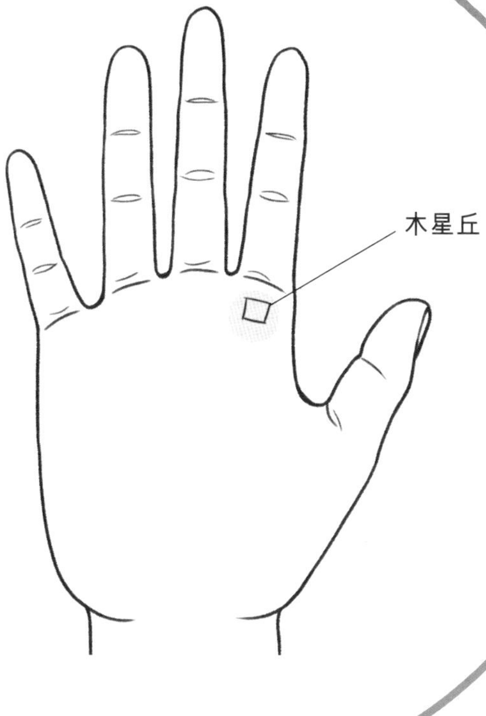

土星丘上出現方格紋

土星丘上出現方格紋，代表可保護由生活所引起的危險，亦代表能夠逃過大災難。

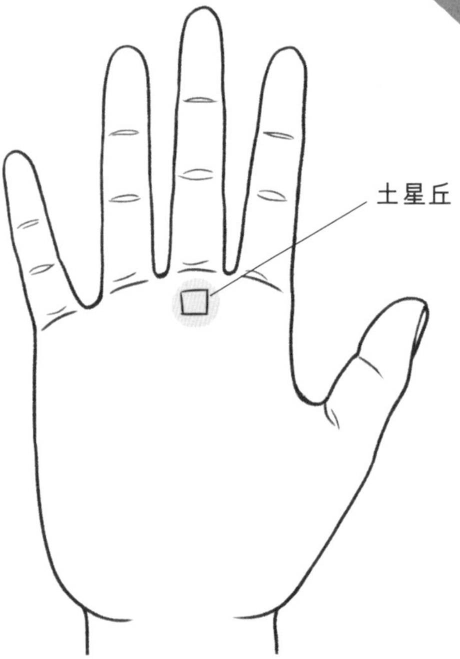

太陽丘上出現方格紋

太陽丘上出現方格紋，對成功起着保護作用，使其人不會失去所得的名譽，且能使其人免於名譽所帶來的危險。

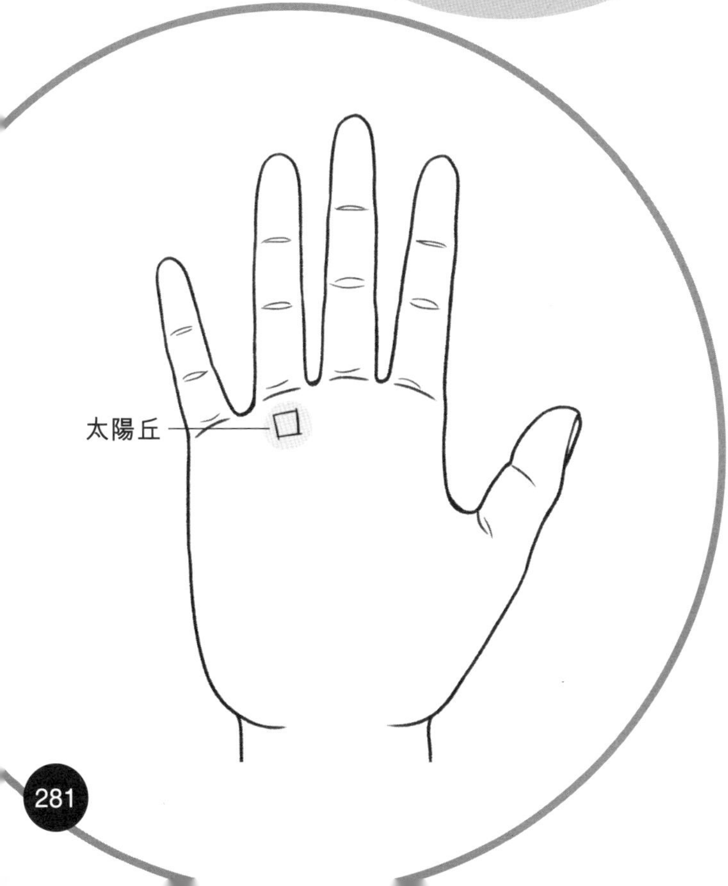

水星丘上出現方格紋

水星丘為商業之丘，方格紋能保護水星丘人在進行商業投資或投機時所受的風險，不但使其更容易取得成功，更能保護其人所得到的成功果實。

此外，方格紋還能減低水星丘人的狡猾性及因意志不定所帶來的影響。

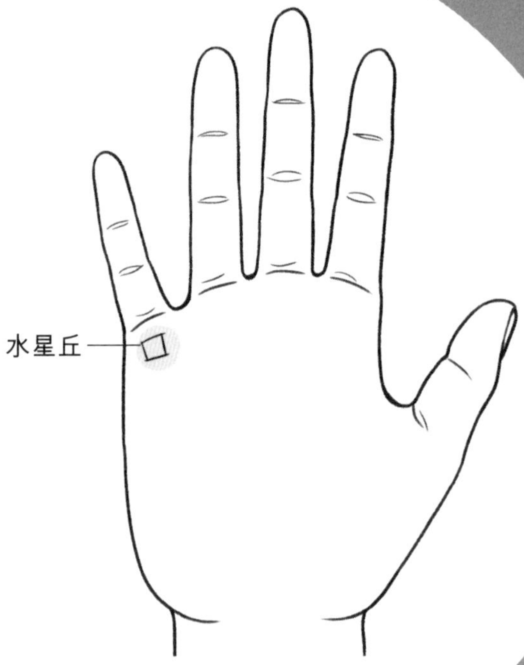

上火星丘上出現方格紋

上火星丘出現方格紋的話，除了能抑制上火星丘的脾氣，更能保護身體免受刀傷之險。

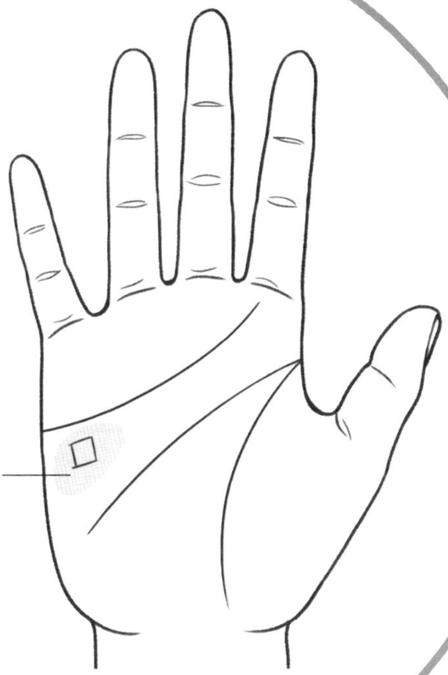

太陰丘上出現方格紋

太陰丘上出現方格紋，能保護太陰丘人使其不至於過分幻想、情緒不定，令其情緒歸於正常，抑制其過度之思想，使其藝術創作能力得以正常運用。

另外，此方格紋亦可防止太陰丘人遇上水險。

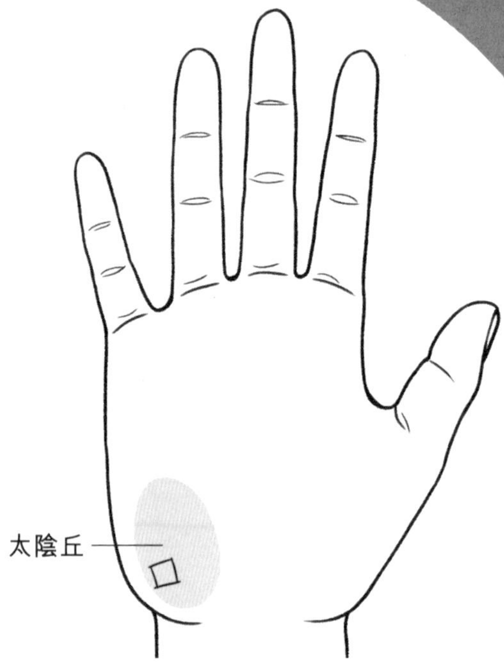

金星丘上出現方格紋

金星丘上出現方格紋，能抑制金星丘人因過分情慾而帶來的危險，並能對不正當的情慾起着抑壓作用，不至於做出越軌的行為。

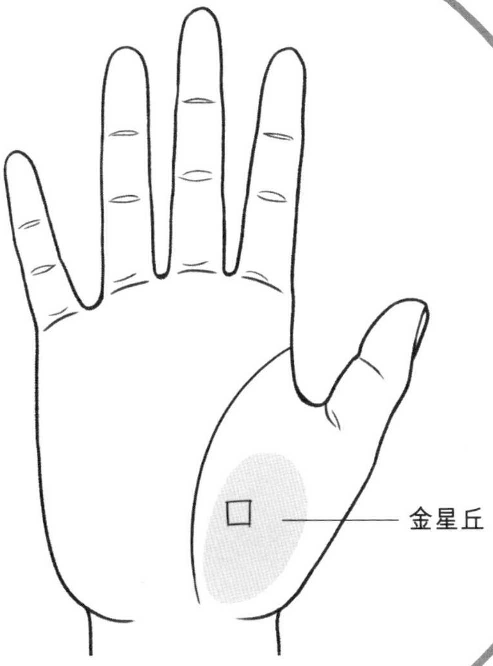

金星丘下部出現方格紋且貼近生命線

這稱為「禁閉方格」，代表與外界隔絕，過着隱閉的生活，其人可能在醫院、監獄、修道院、養老院生活。

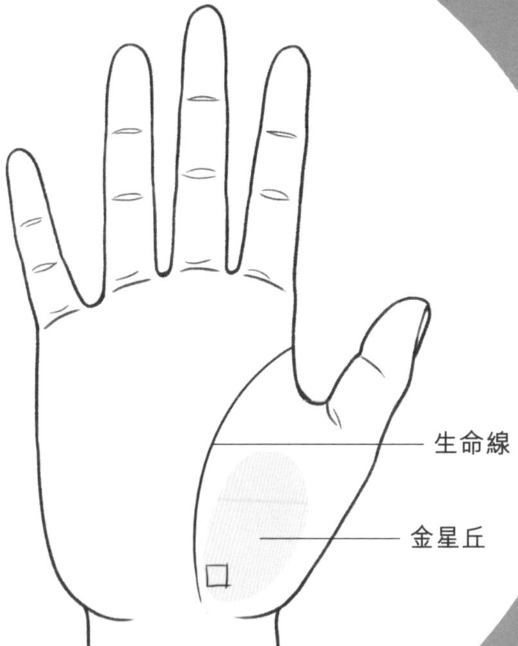

其他主要線出現方格紋

生命線——如線中出現方格（A），代表能對生命起着保護作用，使其人遇到生命危險時能夠幸運避過，死裏逃生；但如生命線在金星丘內出現方格（B），則與「禁閉方格」意義相同。

腦線——可避免身心、思想過分勞累，亦能保護頭部免受外來之傷害。

心線——（C）代表能減免因愛情所帶來的創傷；（D）方格紋在土星丘上出現，代表所愛的人將會發生不幸事件。

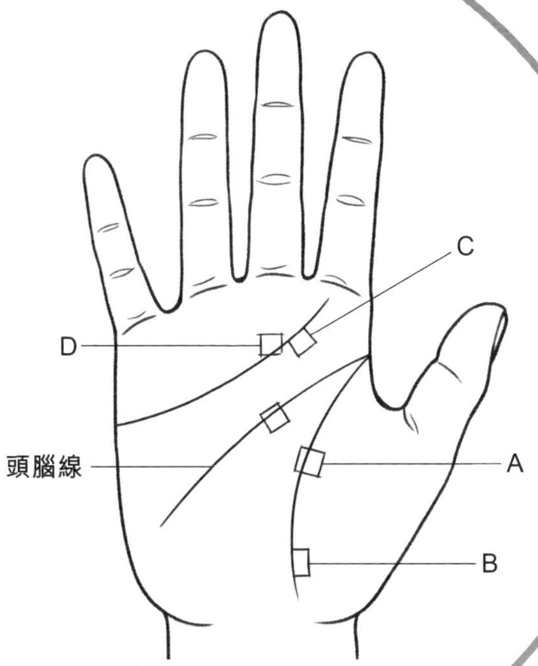

其他次要線出現方格紋

命運線（A）——對事業起着保護作用，使成就不會突然失去。

成功線（B）——對事業上的成就與名譽起着保護作用，且能令其人的直覺能力得到保護，使其更為準確。

水星線（C）——對水星丘起着保護作用，使其在商業、科學、醫學所得到的成就更為持久。

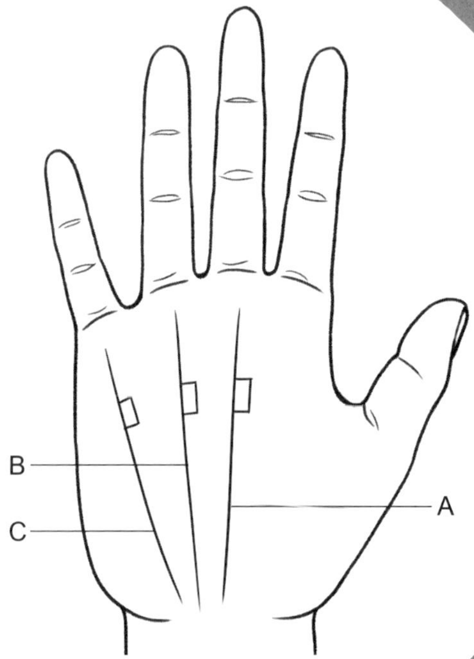

島紋

島紋很少會獨立出現，大都是附在其他線上，如生命線出現島紋、腦線出現島紋，或其他次要線如命運線、太陽線、水星線、婚姻線、移民線等，皆會有島紋出現。

關於島紋對各線紋之影響，在論述以上掌紋時已經詳述，所以在此不再重複，讀者可以參考各掌紋出現島紋的意思。

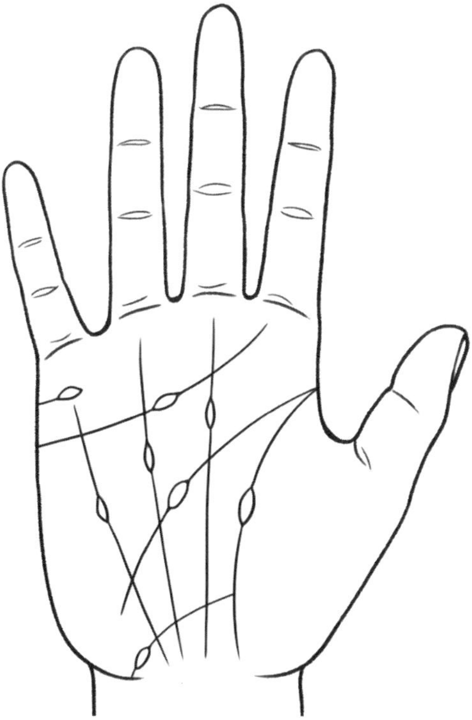

圓環紋

在筆者從事和研究掌相學的三十多年裏面，從來沒有見過圓環紋，所以我想圓環紋是不存在的，只是十九世紀以前掌相流行之時，

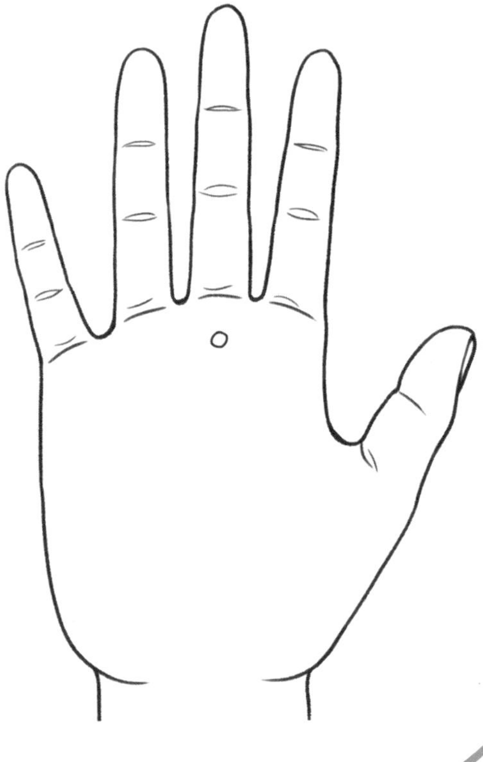

各掌相學家想令掌相學更完善，才將很多沒有見過的線紋，從學理層面推測其意思，故我們在學習掌相之時，不要盡信前人所述，還是要自己細心求證，才能把掌相學發展得更為完善。

雖然我推斷掌相學上的圓環紋並不存在，但也在此用上一些篇幅來將之記述下來，供有興趣印證的讀者作為研究之用。

又獨立的圓環紋與方格紋所代表的意義相似，都能生起保護作用；唯在線上的圓環紋則與島紋相似，起着阻礙之作用。

各丘所出現之獨立圓環紋

木星丘（A）——主名譽、權力及領導力得到保護。

土星丘（B）——主由從事農業、礦產事業而來的成功受到保護。

太陽丘（C）——主從藝術方面得到的成就與名譽得以維持。

水星丘（D）——能減低水星丘在性格上的缺點。

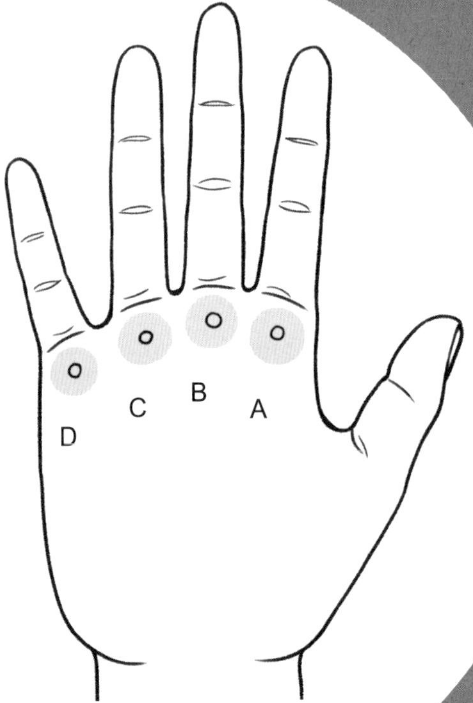

上火星丘（E）——保護着上火星丘，使其能夠抑制脾氣的爆發。

太陰丘（F）——能令過分幻想的太陰丘人走向正軌。

金星丘（G）——使金星丘人的情慾趨向穩定，不至於發生濫交行為。

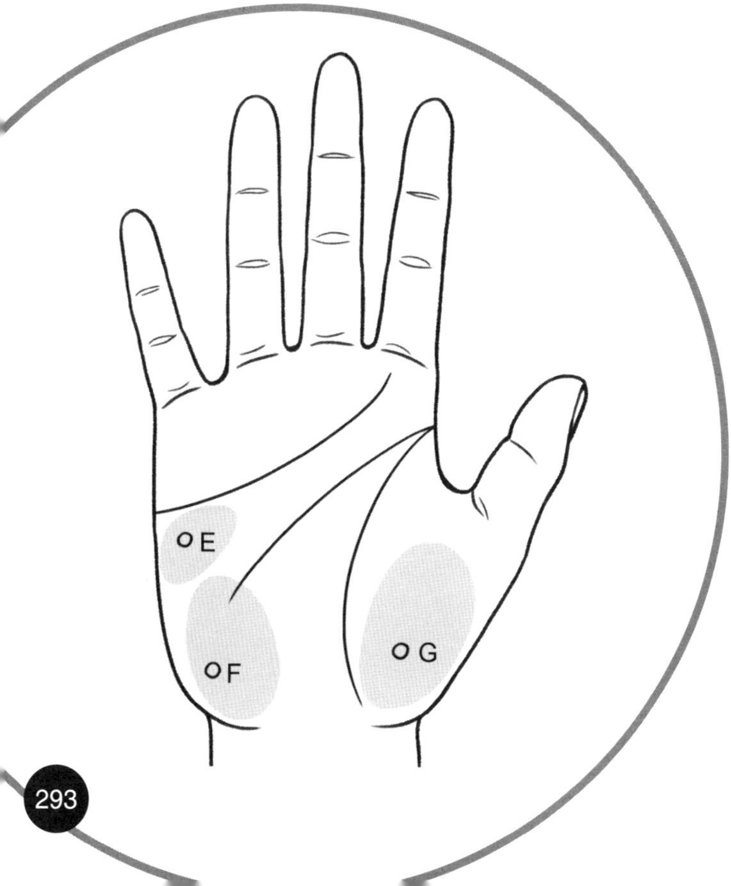

各主要線出現圓環紋

生命線（A）——代表體質弱及受親人困擾。

腦線（B）——主腦部受到阻礙，思考出現問題，如果在太陽丘下出現的話，更有失明的可能。

心線（C）——主心臟疾病，亦主戀愛失望。

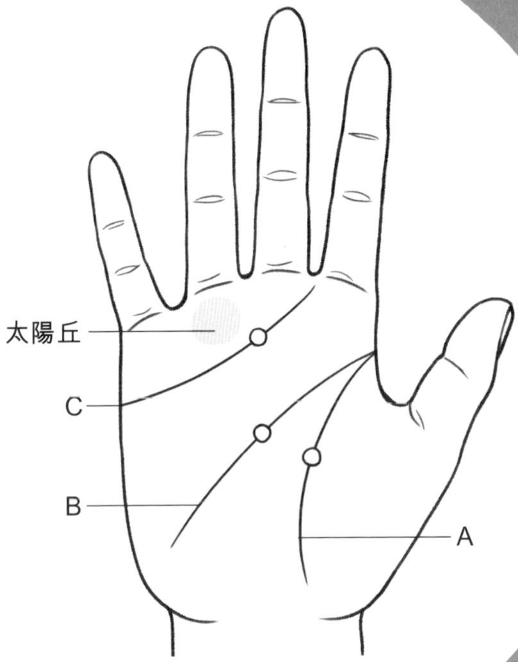

各次要線出現圓環紋

命運線（A）——出現突發事件，因而破壞了事業與家庭。

太陽線（B）——在中間出現代表突然成名；在末端出現代表一生盛名不衰。

水星線（C）——對水星丘代表的財富起着保護作用。

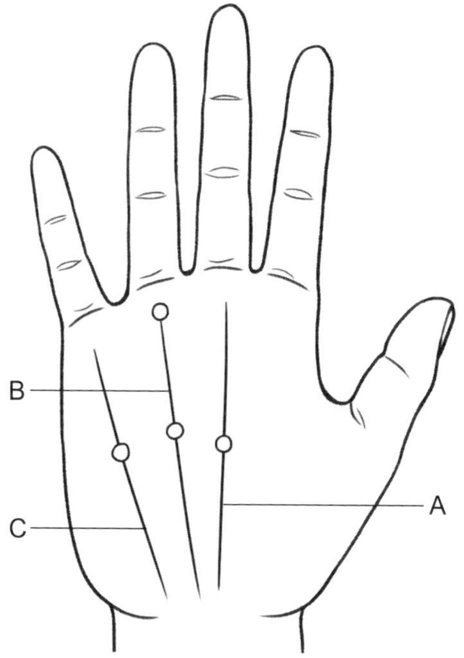

網狀紋

網狀紋出現，一般都只會有壞影響，而不會帶來任何好處。

木星丘上出現網狀紋（A），主為人狂妄自大，好作威作福，此乃虛榮心過度所致。

土星丘上出現網狀紋（B），主為人憂鬱、孤獨，可能一生要受折磨直至終老，或會受長期監禁之苦。

太陽丘上出現網狀紋（C），主虛榮心過重，好充排場，內心物質慾望不平衡。

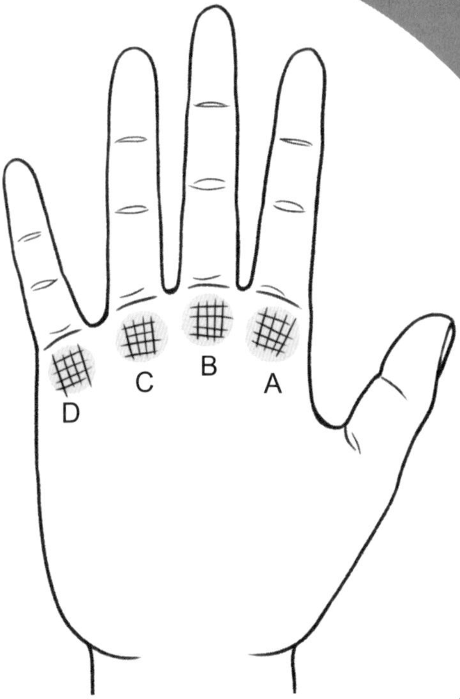

水星丘上出現網狀紋（D），主欺詐不實，這種人很容易變成無賴，做事不擇手段，是個貪心妄取的人。

上火星丘上出現網狀紋（E），代表身體容易因意外而出現流血損傷，更有可能死於暴力之下。

太陰丘上出現網狀紋（F），表示因幻想過度而引致精神不安，致令精神常處於不安靜的狀態，嚴重者可能神經衰弱，甚至患上精神病。

金星丘上出現深刻的網狀紋（G）——金星丘上大多會出現方格紋、網狀紋，這是正常的，但當網狀紋又深又多，便會帶來不良的影響，因金星丘代表情慾，而網狀紋能激起金星丘的情慾，使其變得放蕩、濫交，一生受情慾支配。

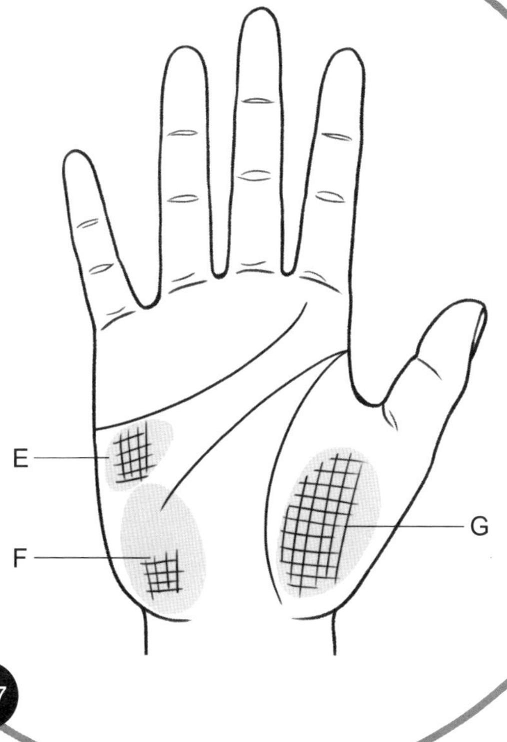

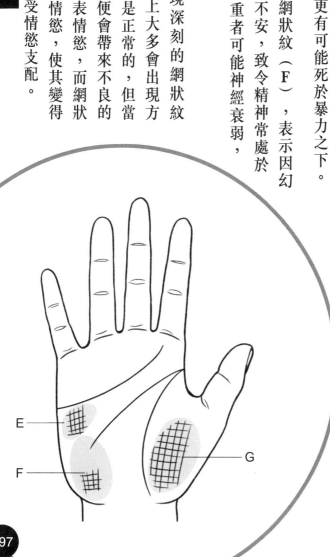

護士線（醫師線）

水星丘上數條短的直線，如出現在男性手上叫「醫師線」，出現在女性手上名為「護士線」，此乃十九世紀以前，女性不能當醫生之故。不過，及至現代社會，已毋須再分到底是醫師線還是護士線了，因女性當醫生的已大不乏人。

其實，有護士線的人不一定會當醫生或護士，只是有此線的人，照顧別人時特別細心、特別適宜做醫生或護士而已；又有此線的人從事科學研究亦會非常出色。

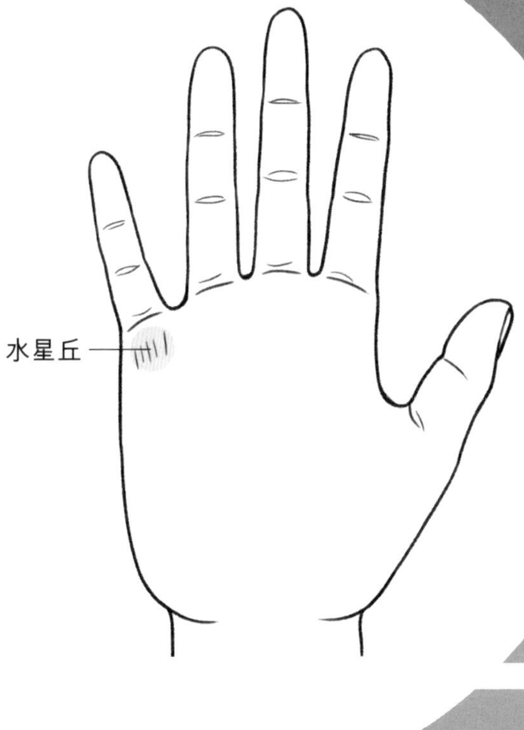

醫師烙印

醫師烙印，即水星丘上有三至四條直的短線，給一條橫線串連。

得此線者，最適宜當醫生，尤其是外科手術醫生，因有此印記代表其人有巧妙的雙手，在施行微細手術方面最為出色。

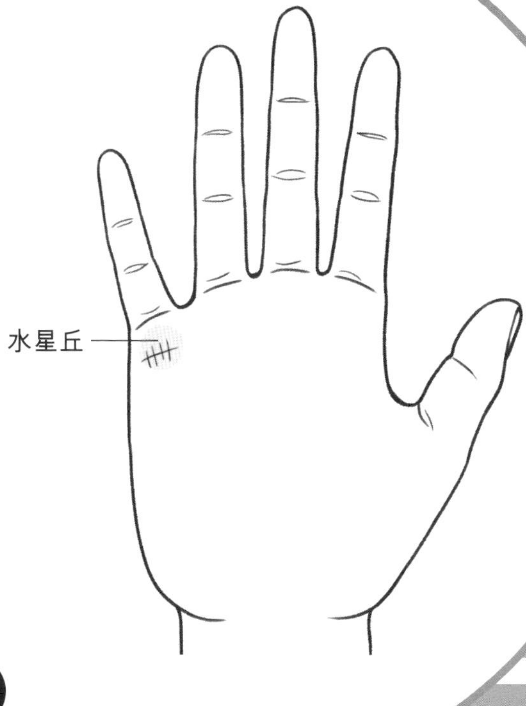

土星環

土星環——土星丘下出現環形符號，圍着土星指而沒有缺口。

這是一個極壞之符號，代表其人個性喜怒無常，做事猶豫不決，精神又不集中，且為人缺乏熱情與生命的推動力，極有可能走向自殺之路。

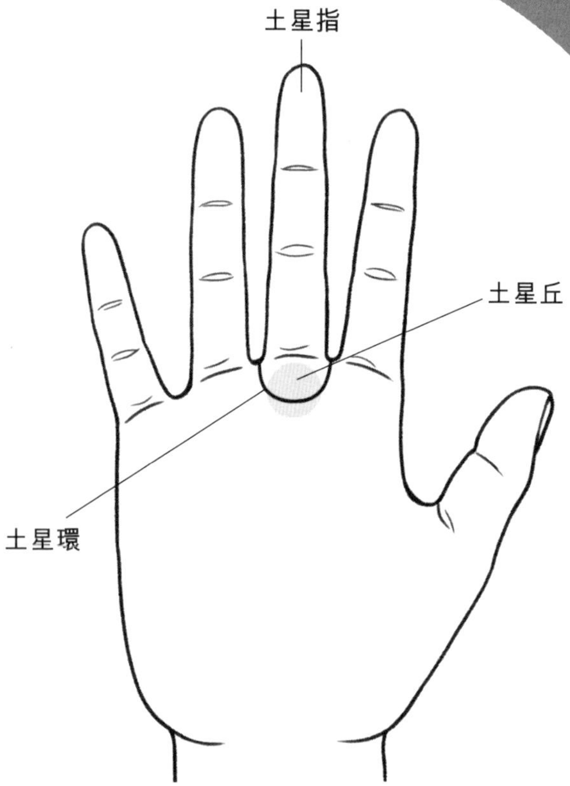

土星環當中有缺口

有此線者，其所受的影響與擁有土星環者一樣，只是沒有那麼嚴重而已，且不一定會出現自殺的念頭。

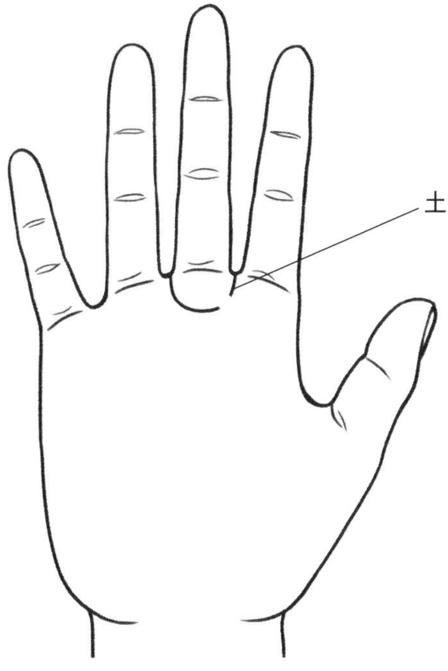

木星環（又稱「所羅門環」）

木星環是指木星丘下出現的一個環形符號，把木星指圍着而沒有缺口。

由於此環的位置與同情線相似（詳見第222頁），所以很多掌相學家因而判斷錯誤——同情線是一條至數條的斜線，且不會圍繞着木星指。

所羅門環是一個權力的記號，非常罕見，同時亦代表愛好研究神學，如從事命理、掌相亦能獨當一面，擁有權威性與地位，所以很多掌握權力的人都同時相信命運。

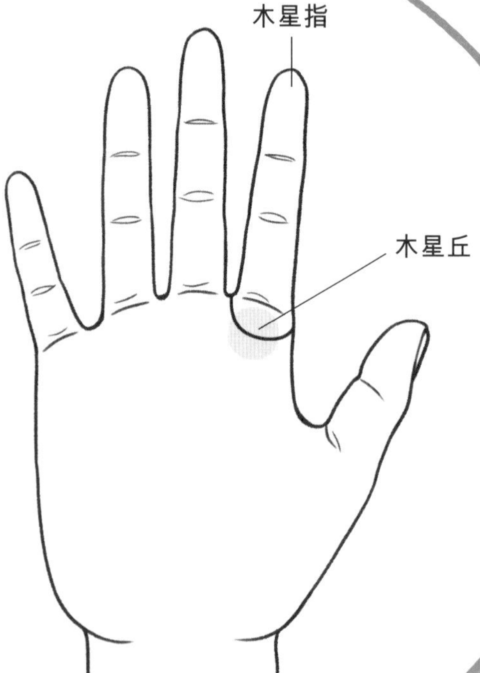

銀河線

銀河線乃水星指下之支線，與水星線並行而上，且清晰明顯。

銀河線能增強水星線之感應力，如能配上長大的拇指與清晰的事業線，成就必然很大。

不過，如銀河線折疊不清，就反而會減弱水星線的力量。

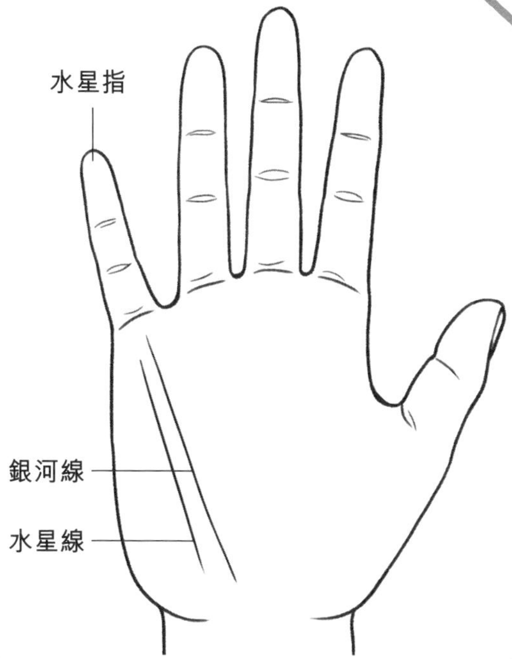

觀掌知心掌紋續篇

作者
蘇民峰

編輯
吳惠芳

美術統籌及封面設計
Amelia Loh

插畫
藝旋

出版者
圓方出版社
香港英皇道499號北角工業大廈18樓
營銷部電話：2138 7961
電話：2138 7998
傳真：2597 4003
電郵：marketing@formspub.com
網址：http://www.formspub.com
http://www.facebook.com/formspub

發行者
香港聯合書刊物流有限公司
香港新界大埔汀麗路36號
中華商務印刷大廈3字樓
電話：2150 2100
傳真：2407 3062
電郵：info@suplogistics.com.hk

承印者
中華商務彩色印刷有限公司
香港新界大埔汀麗路36號

出版日期
二Ｏ一三年四月第一次印刷

ISBN 978-988-8178-88-9
Published in Hong Kong